Sociedade Rural Brasileira
90 Anos

SRB
SOCIEDADE RURAL BRASILEIRA

imprensaoficial

São Paulo, 2009

Detalhe da porta de entrada da sede da Rural, no mesmo edifício do Automóvel Clube desde 1951

Apresentação

Para contar uma história de 90 anos, um livro talvez seja pouco, mas é uma bela forma de relatar uma trajetória recheada de ideias e lutas. Este quase um século de atuação da Sociedade Rural Brasileira será retratado nas próximas páginas, contendo os princípios que alicerçaram a sua criação e suportaram as transformações, pelas quais a nossa agropecuária e o nosso país passaram.

Nele, também estará presente a inquietação do espírito transformador do produtor rural brasileiro, que criou e recriou a forma de produzir, enfrentou os desafios da modernização e os entraves do atraso. Espírito este presente por meio da atuação da nossa Sociedade Rural Brasileira, sempre altiva e certeira nos debates e nos desafios da evolução da nossa agropecuária.

A presença e a forma de agir destes últimos 90 anos faz com que a simbiose entre a sua história e a trajetória da produção brasileira, assim como o desenvolvimento econômico e amadurecimento político de nosso país, se torne uma só história. A linha do tempo, os relatos, as fotografias que ilustram esta publicação evidenciam o entrelaçamento da história e das idéias que constróem o Brasil.

O livro da Sociedade Rural Brasileira é um livro que não acaba nunca. Suas páginas são preenchidas a cada safra, a cada inovação tecnológica no campo, a cada desafio imposto pela modernização das relações econômicas. Os nossos foros de discussão, as reuniões do Conselho, as nossas deliberações, são conversas que não terminam.

Cesário Ramalho da Silva

Presidente da Sociedade Rural Brasileira

Detalhe da obra Semeador de Sementes,
presente no acervo da Rural

Prefácios

Por nove décadas, a Sociedade Rural Brasileira contribui para a consolidação do agronegócio nacional, participando ativamente do debate de temas estratégicos e influenciando a gestão de políticas públicas para o setor. Nesse período, a entidade foi testemunha e protagonista da profunda transformação ocorrida no campo, que proporcionou ao País deixar a condição de importador para se tornar um dos maiores produtores e exportadores de alimentos e agroenergia do mundo.

Quase um século da história da entidade e da agricultura está registrada nesta obra. Um trabalho que marca a perseverança e a dedicação de milhões de produtores brasileiros, e homenageia a atuação firme de seus representantes, como meu amigo e parceiro Cesário Ramalho, atual presidente da entidade. Sem dúvida, Cesário simboliza todos aqueles que ajudaram a construir a excelente reputação desta entidade.

Para o futuro, a agricultura brasileira vislumbra uma nova década de oportunidades. Em primeiro lugar, porque os estoques mundiais de alimentos estão diminuindo em ritmo mais acelerado do que a produção; e, em segundo, o fato de o Brasil ser um dos poucos países com tecnologia, terras e recursos naturais necessários para atender à demanda. É um cenário promissor que a Sociedade Rural Brasileira irá ajudar a se concretizar.

Reinhold Stephanes

Ministro da Agricultura, Pecuária e Abastecimento

Óleo sobre tela “O terreiro do Café” do pintor italiano Rosalbino Santoro de 1902

A história dos noventa anos da Sociedade Rural Brasileira se confunde com a história da minha família e também com a minha própria trajetória. Desde menino, freqüentava sua sede em companhia de meu pai e meus tios, e sem mesmo entender, acompanhava discussões e via a participação da "Rural" nos principais acontecimentos que emolduraram a evolução da agropecuária brasileira e também o seu pensamento marcando os momentos decisivos da história política e econômica do nosso país.

O escritor britânico H. G. Wells disse que a "história do mundo é, essencialmente, a história de idéias". No caso da Sociedade Rural Brasileira, as idéias divergentes ou convergentes construíram sua história e forneceram os instrumentos necessários na elaboração do pensamento coletivo e deram-lhe o espírito empreendedor de luta para estar presente em todas as fases da nossa agropecuária.

As mudanças ocorridas no campo e nas cidades brasileiras neste quase um século não foram fáceis de acompanhar e a Sociedade Rural Brasileira com experiência e idéias inovadoras sobrevive e se recicla nesta evolução. Tal performance mostra sua capacidade de formatar idéias e construir história.

Este livro resgata e reafirma o papel da nossa "Rural" para a história do Brasil, transcende o papel de cada presidente, cada associado, permanecendo inalterado o espírito da mudança e da inquietação das idéias, que nos fez caminhar até aqui e guiará os passos futuros.

João de Almeida Sampaio Filho

Secretário de Agricultura e Abastecimento do Estado de São Paulo

Índice

SOCIEDADE RURAL BRASILEIRA
90 ANOS
1919 - 2009

Linha do Tempo

A História da SRB de 1919 a 2009

S·R·B

AGER VIA PACIS

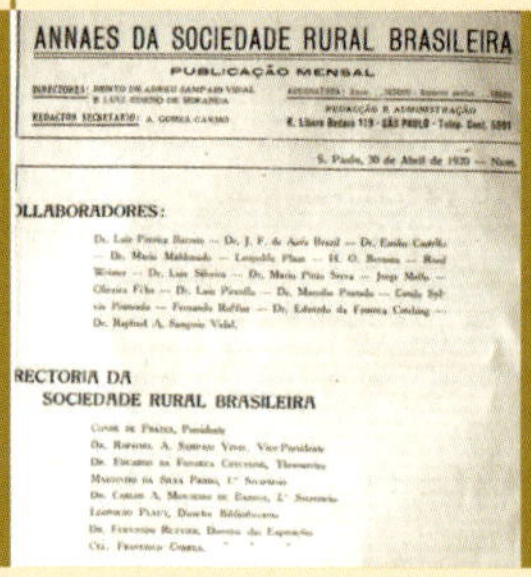

ANNAES DA SOCIEDADE RURAL BRASILEIRA

PUBLICAÇÃO MENSAL

LLABORADORES:

RECTORIA DA SOCIEDADE RURAL BRASILEIRA

1919

• Fundação da Sociedade Rural Brasileira.

1920

• Abril: Criada a publicação Annaes da Sociedade Rural Brasileira.

1924

• Indicado para Secretário de Agricultura, Comércio e Obras Públicas do Governo do Estado de São Paulo, o presidente da Rural, Gabriel Ribeiro dos Santos.

• São Paulo sofre bombardeamento aéreo durante a revolta tenentista.
• Começa a Coluna Prestes.

1925

• Instituto do Café – O presidente do Estado de S. Paulo, Carlos de Campos, promulgou a lei nº 2004, da criação do Instituto Paulista da Defesa Permanente do Café, nascido dentro da Sociedade Rural Brasileira.

1927

• Getúlio Vargas é eleito presidente do Rio Grande do Sul.

1929

• Quebra da Bolsa de Nova Iorque.

1930

• Indicado Henrique de Souza Queiroz, Secretário de Agricultura do Estado de São Paulo.
• Indicado por um mês (outubro/novembro) como Ministro da Agricultura, Paulo de Morais Barros.
• Em 10 de janeiro de 1930, foi criado na SRB, o Departamento de Pecuária, com uma Comissão Permanente, composta por 7 membros, assim distribuídos: 3 dos frigoríficos e 4 representantes dos criadores e invernistas.

• Revolução de 1930 marca o início da Era Vargas.

1932

• Criação do Conselho Nacional do Café.

• Revolta Constitucionalista, em São Paulo. Período conturbado - a Revista da Rural que era mensal, ficou quatro meses sem circular devido aos efeitos da guerra revolucionária.

1935

• Indicado a secretário de agricultura de São Paulo, Luiz Pisa Sobrinho.

1937

• Indicado Secretário de Agricultura do Estado de São Paulo, Bento de Abreu Sampaio Vidal.
• Modificação da Política Cafeeira – A influente SRB encaminhou documento ao Governador do Estado de São Paulo, com as seguintes reivindicações: Distribuição de cotas de exportação aos Estados cafeeiros; Cota de equilíbrio de 30% gratuita; Compra de 7 milhões de sacas dos excessos das safras velhas; e Aumento de 50% nos estoques dos portos.
• Excessos de café do ano eram queimados.

• Instalação do Estado Novo.

1940

• Registro Genealógico na Rural.
Em agosto de 1940 houve um anúncio na Revista em que se lia: "A Sociedade Rural Brasileira tem a satisfação de comunicar a todos os seus associados e pessoas interessadas, criadores de gado indiano, que o Serviço do Registro Genealógico dessa Raça será iniciado em nosso Estado, ainda neste ano, em virtude de um entendimento que acaba de realizar com a Sociedade Rural do Triângulo Mineiro de acordo com o Ministério da Agricultura e Secretaria da Agricultura do Estado de São Paulo".

1941

• Getúlio Vargas visita a Sociedade Rural Brasileira.

1945

• Nasce a Questão agrária no País – Luiz Carlos Prestes, faz um discurso inflamado no estádio do Pacaembu, o qual a Sociedade Rural Brasileira se manifesta veementemente contrária.

• Vargas renuncia à presidência do Brasil.

1946

• Indicado a secretário de agricultura do Estado de São Paulo, Francisco Malta Cardozo.
• Banco do Café – Essa nova instituição viria a substituir o Departamento Nacional do Café.

1948

• Código Rural Brasileiro – O presidente do Instituto de Economia Agrícola da Rural, Francisco Malta Cardoso, discorreu longo artigo/defesa do Direito Rural, Reforma Agrária e o Código Rural Brasileiro, como contribuição à Nação do IEA da Rural. A Rural ofereceu contribuição, a qual fora quase que integralmente incorporada à legislação de 1948.

1950

• Getúlio Vargas é eleito presidente.
• Criado o plano Salte (Saúde, Alimentação,Transporte e Energia) por Getúlio Vargas.
• Criação do Banco Nacional de Desenvolvimento Econômico, atual BNDES.

1951

• Rural em sede própria – Foi na Revista de dezembro de 1950, que foi mostrada a foto do Edifício CBI, onde ficaria a sede da Rural, que permanece até os dias atuais. Em 1951, a sede começou a funcionar efetivamente. Em 2009 completa 58 anos da nova sede, à rua Formosa, 367, 19º andar, no Anhangabaú.
• Faculdade Livre do Cooperativismo na Rural – uma instituição de ensino dentro da SRB, quando da inauguração da nova sede, aproveitou-se para diplomar a primeira turma de técnicos em Cooperativismo.

1953

• Indicado como secretário de agricultura do estado de São Paulo, Renato da Costa Lima.

1954

• Congresso Mundial do Café – realizado em Curitiba (PR) foi o primeiro Congresso, com presença de delegações dos países produtores e consumidores da bebida.

• Vargas comete suicídio.

1957

• Plano de Metas – Governo Juscelino Kubitschek.

①

1958

• Nomeado Renato da Costa Lima para o IBC – Instituto Brasileiro do Café.

1960

• A Rural organiza a Semana da Reforma Agrária em sua sede para discutir os mais de 200 projetos de lei propostos no Congresso Nacional.
• Exoneração de Renato da Costa Lima do IBC.

1961

• Em setembro, foi aprovado pelo senado, o Estatuto do Trabalhador Rural.

• Posse e renúncia de Jânio Quadros.

1962

• Indicado como ministro da agricultura, Renato da Costa Lima.

1963

• Manifesto da Sociedade Rural Brasileira contra a Política Cafeeira.

1964

• Marcha da Família com Deus pela Liberdade.
• Em abril, a Rural organiza a Concentração Nacional de Ruralistas, reunindo todas as lideranças do país, quando é aprovada a Carta de Princípios, com os seguintes tópicos: Integração da Agricultura, Paridade de tratamento, Legislação trabalhista Rural, Preços mínimos, Crédito agrícola, Plano nacional da carne – com política de estoques pelo governo federal, devido à seca anormal de 1963 e início de 1964.

• João Goulart é deposto do poder pelos militares.

1966

• Instituída a Cooperativa Agrícola dos Associados da Sociedade Rural Brasileira – Cooperbras.

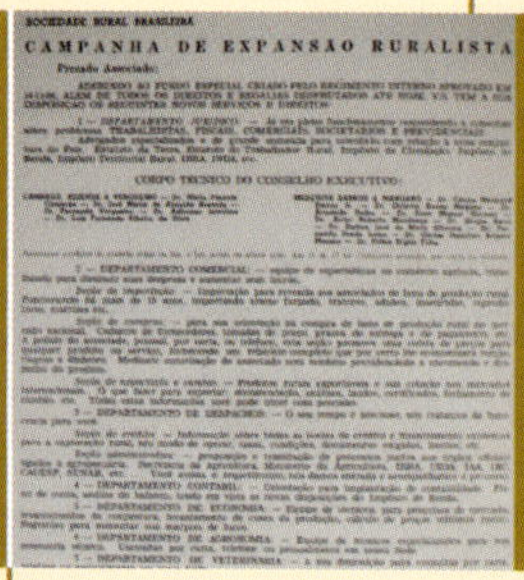
CAMPANHA DE EXPANSÃO RURALISTA

1967

• Inicia a campanha de expansão ruralista para ganhar mais associados com o apoio do governador Laudo Natel.

1971

• I PND – Plano Nacional de Desenvolvimento.

1975

• II PND – Plano Nacional de Desenvolvimento, culmina com a criação do Pró-álcool e da Embrapa.

1978

• Visita do presidente João Baptista de Oliveira Figueiredo na posse do presidente Renato Ticoulat.

1980

• Marcante atuação da SRB trabalhando pela transição da agricultura cafeeira para a diversificação de culturas.

1986

• Criação da Frente Ampla da Agropecuária.

• Plano Cruzado.

1987

• Plano de Controle Macroeconômico.
• Plano Bresser (até 1991).

1988

• Trabalho na Assembléia Nacional Constituinte, a entidade introduz o termo propriedade produtiva nas discussões sobre Reforma Agrária.

1990

• Mailson da Nóbrega torna-se Ministro da Fazenda.
• Extinção do Instituto do Açúcar e do Álcool e do Instituto Brasileiro do Café.

1991

• Criação do Fundepec – Fundo de Desenvolvimento da Pecuária.

1992

• Pela primeira vez, o Brasil aplica direitos compensatórios para um produto agrícola – o leite em pó. A SRB também trabalhou pelas ações para o trigo, carne, arroz e algodão.

1993

• Indicado como Secretário de Agricultura do Estado de São Paulo, Roberto Rodrigues.
• Participação da Sociedade Rural Brasileira nas discussões da Rodada Uruguai do GATT, iniciadas em 1986.

1994

• Criação da Agrishow em Ribeirão Preto.

• Plano Real.

1995

• Plano Avança Brasil no Governo Fernando Henrique Cardoso.

1996

• Criação do Fórum Nacional da Agricultura.

1998

• A Rural participa das discussões para o plano de securitização das dívidas do setor.

2000

• Criação do Moderfrota e outras linhas de apoio.

2002

• Discussão do SISBOV – sistema de gestão e certificação de bovinos – rastreabilidade.

2003

• Indicado como Ministro da Agricultura, Roberto Rodrigues.

2005

• Crise da aftosa – SRB solicita mudanças nas regras de rastreabilidade bovina e fundo indenizatório da pecuária.

2007

• Indicado como secretário de agricultura do estado de São Paulo, João de Almeida Sampaio Filho.

2008

• A Rural discute revisões do Código Florestal e dos índices de produtividade.

2009

• Sociedade Rural Brasileira completa 90 anos.

CLASSIFICADOR
CAFÉFINO
CAFÉS FINOS E DE BÔA QUALIDADE
POR PROCESSOS MODERNOS
mais conhecido por lavador á secco Lunardelli
CLASSIFICADOR "CAFÉFINO"
VISTA DE FRENTE
PEÇA CATALOGOS E MAIS INFORMAÇÕES AOS UNICOS FABRICANTES:
IRMÃO
Revista da
SOCIEDADE RURAL
BRASILEIRA
ABRIL
— 1940 —
ANNO XX
N.º 236
São Paulo: Preparo do café.

Uma Forma de Comunicar

Já no ano seguinte a sua fundação, em 1920, foi criado os Annaes da Sociedade Rural Brasileira. Era a publicação, em que eram escritos as informações internas da entidade como transcrições de atas de reuniões, inscrições de novos associados, bem como recebimento de cartas e revistas do Brasil e do exterior.

Nos Annaes eram publicados artigos técnicos importantes à época como "Berne", "Carrapato" e "Moléstias Infecciosas", que inaugura a publicação.

Nele eram feitos registros de feiras e exposições pecuárias, além da defesa da agroindústria pecuária no Brasil, como no artigo de 1920: "A Indústria Pastoril no Brasil".

Os primeiros artigos em defesa da cafeicultura brasileira surgem com "A Posição do Café nos Mercados Mundiaes". No artigo de Paulo R. Pestana, o quadro de 1920 é relatado: "A situação mundial do café mostra-se bastante favorável neste momento, para os países produtores, especialmente para o Estado de São Paulo. Muito reduzida pelas geadas de 1918 em São Paulo, a produção ficou com notáveis déficits nos últimos anos. O consumo em todo o mundo, no entanto, aumentou consideravelmente, em virtude da ativa procura por parte dos países consumidores, que estavam quase desprovidos de mercadorias".

A riqueza dos textos demonstra claramente que a SRB exibia a inteligência do que havia de melhor na agricultura brasileira.

Nos Anaes, o cafeicultor tinha à disposição todos os números da cafeicultura da época como cotações em Santos, estoques do Governo e privados, diferenciais de Nova York, Rio de Janeiro e Havre, principais balizadores de preços do grão rubiácea.

A publicação era tão importante à época que em suas

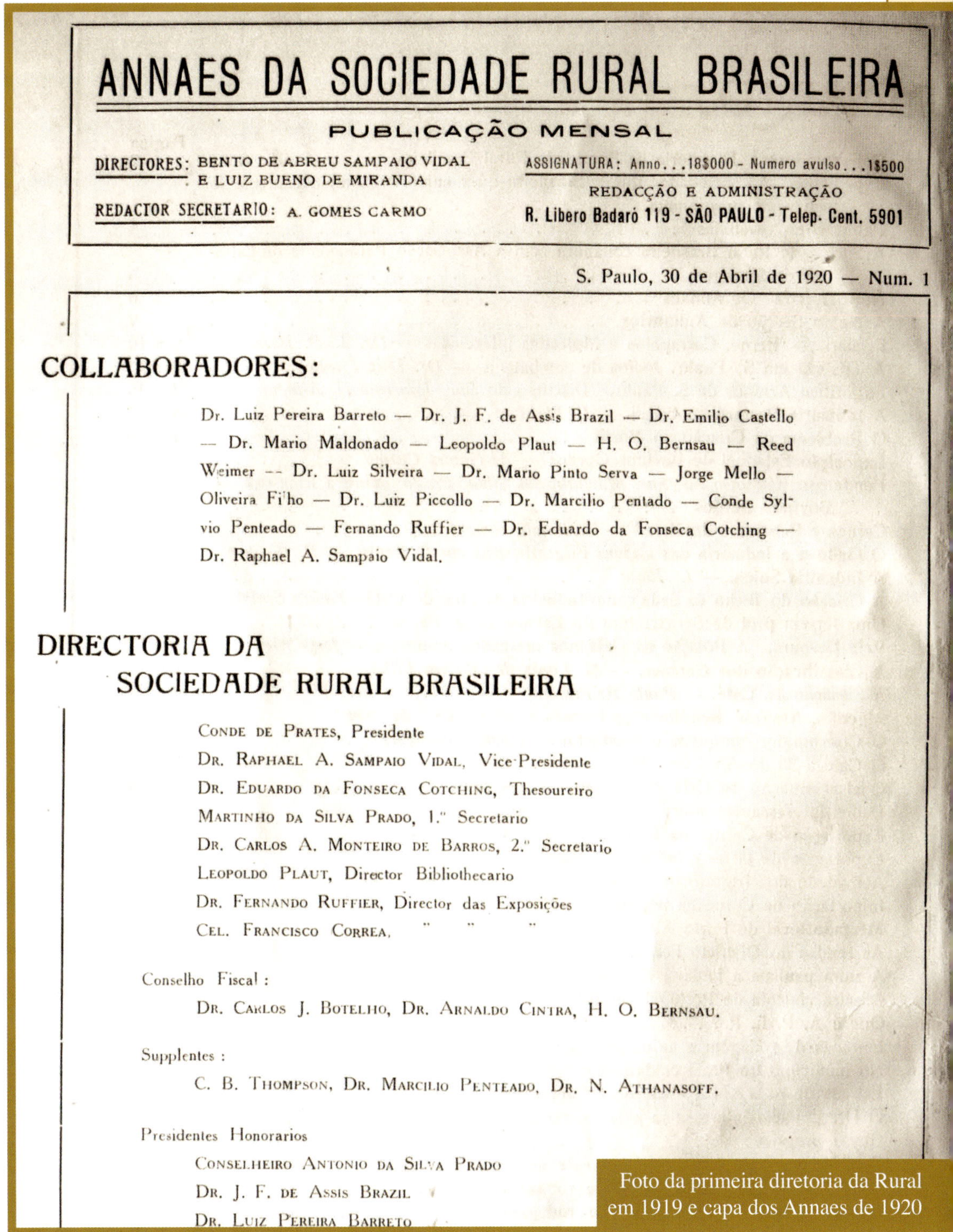

ANNAES DA SOCIEDADE RURAL BRASILEIRA

PUBLICAÇÃO MENSAL

DIRECTORES: BENTO DE ABREU SAMPAIO VIDAL E LUIZ BUENO DE MIRANDA

REDACTOR SECRETARIO: A. GOMES CARMO

ASSIGNATURA: Anno...18$000 - Numero avulso...1$500

REDACÇÃO E ADMINISTRAÇÃO

R. Libero Badaró 119 - SÃO PAULO - Telep. Cent. 5901

S. Paulo, 30 de Abril de 1920 — Num. 1

COLLABORADORES:

Dr. Luiz Pereira Barreto — Dr. J. F. de Assis Brazil — Dr. Emilio Castello — Dr. Mario Maldonado — Leopoldo Plaut — H. O. Bernsau — Reed Weimer — Dr. Luiz Silveira — Dr. Mario Pinto Serva — Jorge Mello — Oliveira Filho — Dr. Luiz Piccollo — Dr. Marcilio Pentado — Conde Sylvio Penteado — Fernando Ruffier — Dr. Eduardo da Fonseca Cotching — Dr. Raphael A. Sampaio Vidal.

DIRECTORIA DA SOCIEDADE RURAL BRASILEIRA

Conde de Prates, Presidente
Dr. Raphael A. Sampaio Vidal, Vice-Presidente
Dr. Eduardo da Fonseca Cotching, Thesoureiro
Martinho da Silva Prado, 1.° Secretario
Dr. Carlos A. Monteiro de Barros, 2.° Secretario
Leopoldo Plaut, Director Bibliothecario
Dr. Fernando Ruffier, Director das Exposições
Cel. Francisco Correa, " " "

Conselho Fiscal:
Dr. Carlos J. Botelho, Dr. Arnaldo Cintra, H. O. Bernsau.

Supplentes:
C. B. Thompson, Dr. Marcilio Penteado, Dr. N. Athanasoff.

Presidentes Honorarios
Conselheiro Antonio da Silva Prado
Dr. J. F. de Assis Brazil
Dr. Luiz Pereira Barreto

Foto da primeira diretoria da Rural em 1919 e capa dos Annaes de 1920

páginas eram lidos os relatórios de importações de carnes da Argentina, Austrália, Nova Zelândia, Uruguai e Inglaterra. De Pernambuco, vinham informações do "Mercado de Assucar" com o registro de preços, cotações das variadas formas de açucares como demerara, cristal, superior.

Mudança

Em 1922 , a diretoria muda o nome da publicação oficial da entidade de Anaes para Revista da Sociedade Rural Brasileira que vem a ser uma publicação mensal. "Pretendemos torná-la mais leve e interessante, publicando além de artigos sobre lavoura e criação, notícias e estatísticas que possam interessar à classe rural", informou o editorial de inauguração.

23 Anos Depois

De 1920 a 1943, foi um período de grandes reportagens e desenvolvimento de artigos técnicos em todos os setores da agricultura (das fibras ao café) e da pecuária (do caprino ao bovino) e da indústria do setor.

Artigos históricos, técnicos e transcrição das atas da SRB também faziam parte das suas edições. Eram assuntos recorrentes o cooperativismo, as exportações, produção de eucaliptos, leite e laticínios, mandioca, batata, a avicultura, a suinocultura, a vitivinicultura, a sericicultura, frutas, cereais, aragem da terra, pragas e doenças dos campos, congressos e eventos em geral. Era uma revista de informação e formação do homem do campo e de quem também vivia na cidade.

No período da ditadura de Vargas – de 1937 a 1945 – o chamado Estado Novo, o governo obriga o nome da revista a ser mudado para Revista da Sociedade Rural, como forma de diminuí-la e também não transformá-la em porta voz do campo à nação. A alteração foi de janeiro de 1941 a dezembro de 1946.

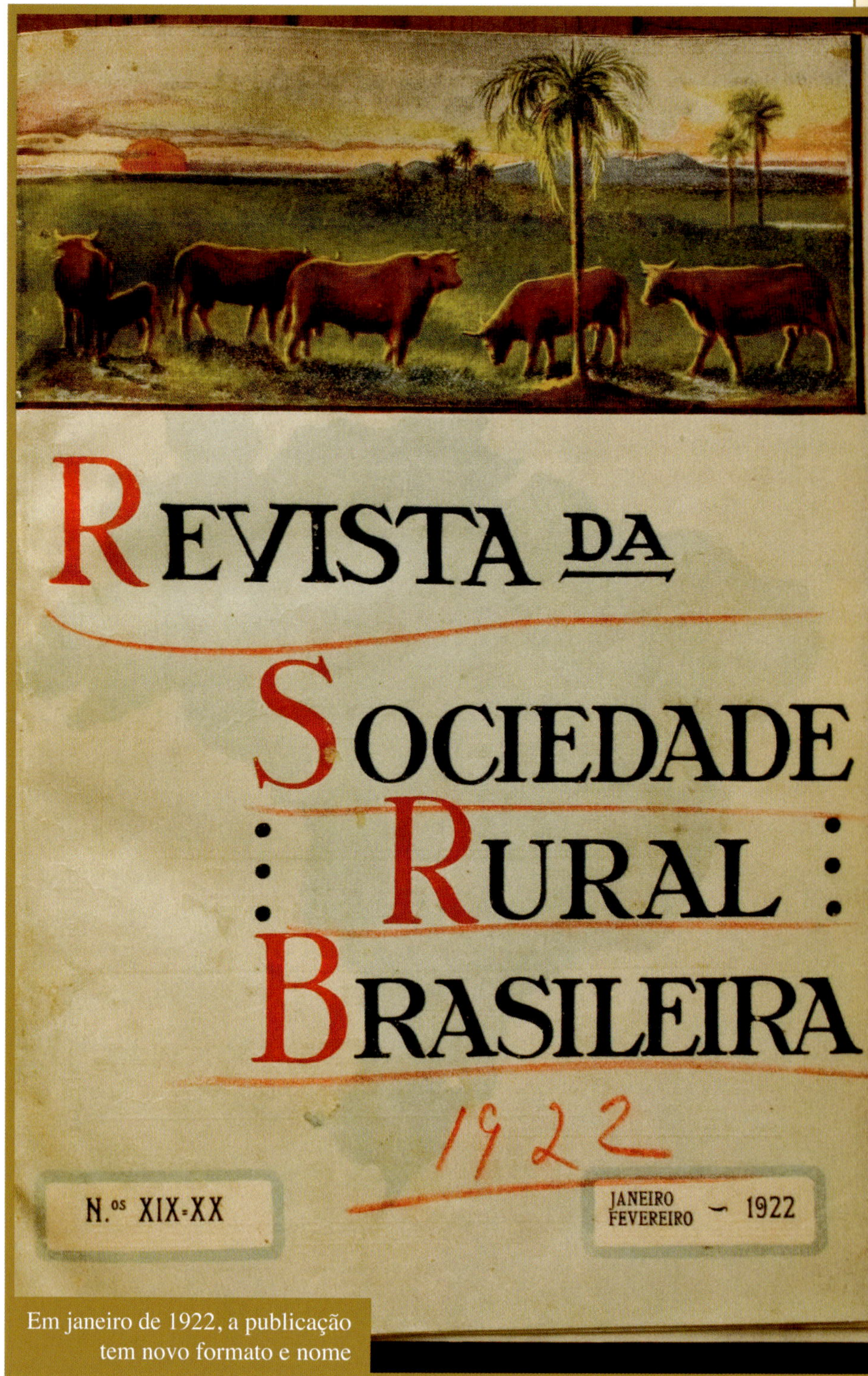

Em janeiro de 1922, a publicação tem novo formato e nome

Mudança em 1941 para o nome
Revista Rural Brasileira

Em janeiro de 1947, passa a se
chamar Revista da Sociedade Rural

Volta

Em janeiro de 1947, a Revista volta a seu nome original para Revista da Sociedade Rural Brasileira: "Em virtude da extinção do Departamento de Imprensa e Propaganda e em seguida do Departamento Nacional de Informação" dizia a Revista.

30 Anos

Em 1950, assim comentava o seu editorial: "Há trinta anos Bento de Abreu Sampaio Vidal e Luiz Bueno de Miranda fundavam e assumiam a direção dos 'Anais da Sociedade Rural Brasileira'", que na ocasião comemorava o seu primeiro aniversário. Presidia a entidade o Conde de Prates. Em 1923, o mensário, já então cheio de serviços prestados à lavoura e à pecuária nacionais, adotara o seu nome definitivo, transformando-se em nossa Revista".

1955 - A Rural – A partir de outubro daquele ano, sob direção de Antonio de Queiroz Telles, a Revista passa a ser denominada de A Rural. Nome que foi resgatado em 2009.

1995 – Adota o nome e formato de Informativo Rural.

2009 – A Rural.

Em outubro de 1955, inaugura o nome: A Rural

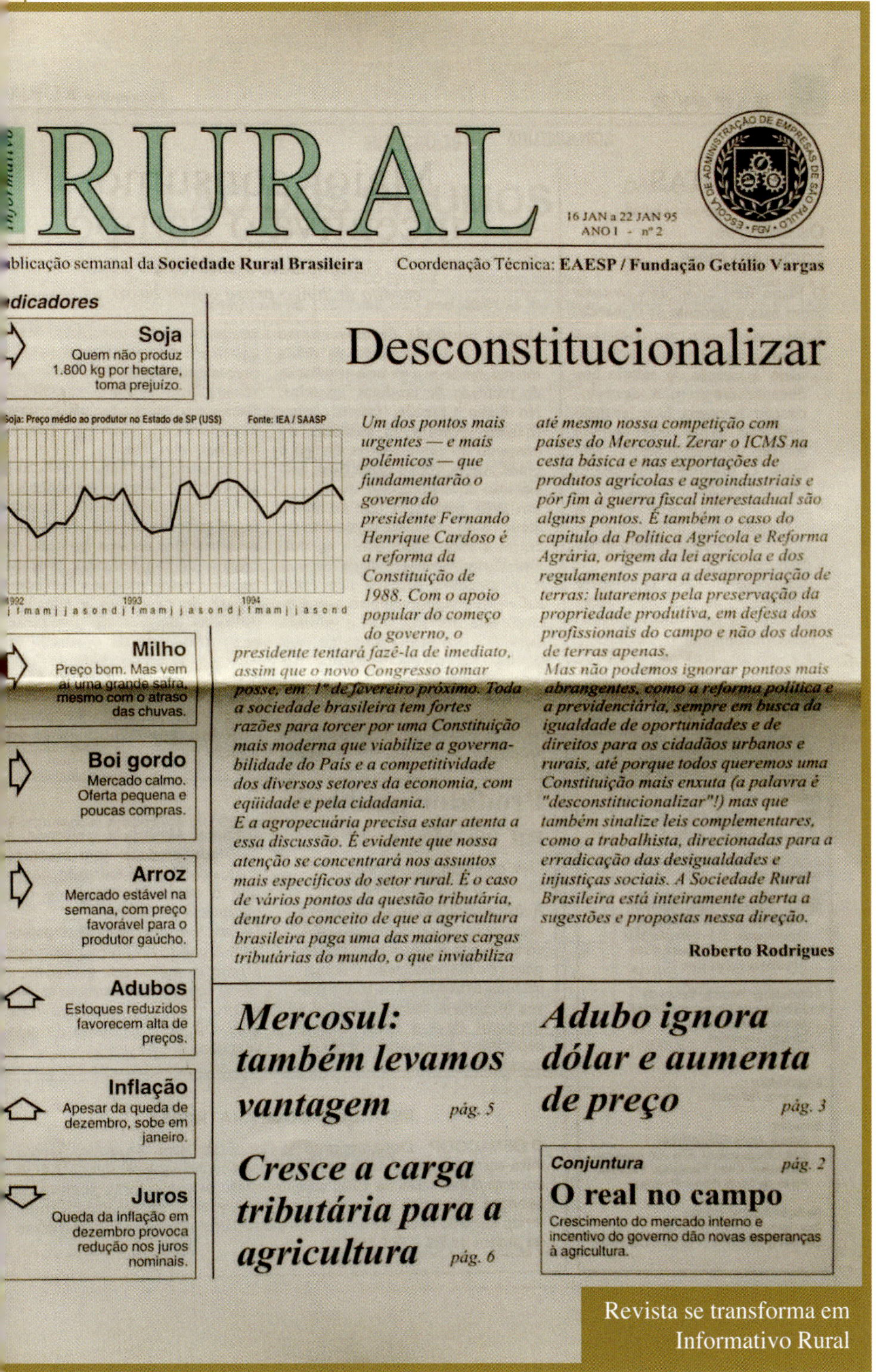

RURAL

16 JAN a 22 JAN 95
ANO I - nº 2

…blicação semanal da **Sociedade Rural Brasileira** Coordenação Técnica: **EAESP / Fundação Getúlio Vargas**

…dicadores

Soja
Quem não produz 1.800 kg por hectare, toma prejuízo.

Soja: Preço médio ao produtor no Estado de SP (US$) Fonte: IEA / SAASP

Milho
Preço bom. Mas vem aí uma grande safra, mesmo com o atraso das chuvas.

Boi gordo
Mercado calmo. Oferta pequena e poucas compras.

Arroz
Mercado estável na semana, com preço favorável para o produtor gaúcho.

Adubos
Estoques reduzidos favorecem alta de preços.

Inflação
Apesar da queda de dezembro, sobe em janeiro.

Juros
Queda da inflação em dezembro provoca redução nos juros nominais.

Desconstitucionalizar

Um dos pontos mais urgentes — e mais polêmicos — que fundamentarão o governo do presidente Fernando Henrique Cardoso é a reforma da Constituição de 1988. Com o apoio popular do começo do governo, o presidente tentará fazê-la de imediato, assim que o novo Congresso tomar posse, em 1º de fevereiro próximo. Toda a sociedade brasileira tem fortes razões para torcer por uma Constituição mais moderna que viabilize a governabilidade do País e a competitividade dos diversos setores da economia, com eqüidade e pela cidadania.

E a agropecuária precisa estar atenta a essa discussão. É evidente que nossa atenção se concentrará nos assuntos mais específicos do setor rural. É o caso de vários pontos da questão tributária, dentro do conceito de que a agricultura brasileira paga uma das maiores cargas tributárias do mundo, o que inviabiliza até mesmo nossa competição com países do Mercosul. Zerar o ICMS na cesta básica e nas exportações de produtos agrícolas e agroindustriais e pôr fim à guerra fiscal interestadual são alguns pontos. É também o caso do capítulo da Política Agrícola e Reforma Agrária, origem da lei agrícola e dos regulamentos para a desapropriação de terras: lutaremos pela preservação da propriedade produtiva, em defesa dos profissionais do campo e não dos donos de terras apenas.

Mas não podemos ignorar pontos mais abrangentes, como a reforma política e a previdenciária, sempre em busca da igualdade de oportunidades e de direitos para os cidadãos urbanos e rurais, até porque todos queremos uma Constituição mais enxuta (a palavra é "desconstitucionalizar"!) mas que também sinalize leis complementares, como a trabalhista, direcionadas para a erradicação das desigualdades e injustiças sociais. A Sociedade Rural Brasileira está inteiramente aberta a sugestões e propostas nessa direção.

Roberto Rodrigues

Mercosul: também levamos vantagem pág. 5

Adubo ignora dólar e aumenta de preço pág. 3

Cresce a carga tributária para a agricultura pág. 6

Conjuntura pág. 2
O real no campo
Crescimento do mercado interno e incentivo do governo dão novas esperanças à agricultura.

Revista se transforma em Informativo Rural

Ano VIII - Nº 54 - Outubro/Novembro 2009

Informativo
A Rural

SRB
SOCIEDADE RURAL BRASILEIRA

Mais páginas
Mais informação

Câmbio apreciado encarece produto agrícola brasileiro no mercado internacional

Ao tirar competitividade das exportações, principalmente, das commodities, excessiva valorização do real dilapida a renda do produtor rural

O real obteve uma valorização de 32% frente o dólar entre dezembro de 2008 até setembro.

O euro, por sua vez, valorizou-se cerca de 8,1% em relação à moeda americana no mesmo período.

Com isso, a soja, por exemplo, ficou 32% mais cara no mercado internacional e o sojicultor teve uma queda de rentabilidade de 24,2%.

Para tentar evitar esta excessiva valorização do real, o governo resolveu taxar em 2% a entrada de capital estrangeiro destinado à aplicações em renda fixa e na Bolsa de Valores.

Índice de rentabilidade: produtos selecionados

Com o atual câmbio apreciado, apenas açúcar e algodão ainda mantêm certa rentabilidade, já que o aumento dos preços internacionais destes produtos compensou a valorização do real

❑ Confira na pág: 03

Jantar de 90 anos na Sala São Paulo

A **SRB** realiza no dia 9 de novembro jantar na Sala São Paulo, na capital paulista, para comemorar seus 90 anos.

O evento contará com a presença de aproximadamente 500 convidados, entre empresários, produtores rurais e dirigentes da agricultura, comércio e indústria, além de dezenas de autoridades dos poderes executivo, legislativo e judiciário.

Autoridades, empresários, produtores, lideranças estarão presentes na homenagem à Rural na Sala São Paulo

❑ **Matéria especial: Os primórdios da história da SRB**..........*pág:08*

❑ **Fique Sócio da SRB**.................... - *pág: 12*

"Os investimentos virão com certeza e várias mudanças serão necessárias, mas não é mostrando garras, unhas e dentes, que elas ocorrerão. Serão necessários acordos políticos de fundo."

Reinhold Stephanes, ministro da Agricultura, Pecuária e Abastecimento

Destaques

❑ A insensatez dos índices oficiais de produtividade........ - *pág: 02*

❑ Invasões do MST ameaçam toda economia........ - *pág: 05*

❑ **SRB** e ABIA fecham convênio na área ambiental........ - *pág: 06*

❑ Crise mundial passa, mas a da agricultura prossegue........ - *pág: 07*

❑ China será o segundo maior importador do agro brasileiro........ - *pág: 09*

❑ **Coluna Antônio Reche**
Meias verdades, inverdades e mentiras escandalosas........ – *pág: 10*

❑ Presidente Lula acerta ao rechaçar radicalismo ambiental........ – *pág: 10*

Em 2009, há o resgate do nome A Rural de 1955 para o atual informativo de A Rural

Eleição e Atuação

A Sociedade Rural Brasileira é composta por um Conselho Superior de 21 membros efetivos e sete suplentes, eleitos pela Assembléia Geral Ordinária entre os associados no gozo de seus direitos. O mandato dos efetivos é de nove anos e o dos suplentes é de três anos. No entanto, a cada três anos, é escolhido ou reeleito pelo voto dos associados um terço deste Conselho de efetivos e o total dos suplentes.

Ato contínuo a esta eleição, o Conselho Superior elege a Diretoria Executiva, composta dos seguintes membros: Presidente, três Vice-Presidentes, Primeiro, Segundo e Terceiro Secretários, Primeiro, Segundo e Terceiro Tesoureiros. A posse do Conselho Superior, Suplentes e da Diretoria Executiva é efetuada logo após a apuração dos votos, mediante assinatura dos eleitos, no termo de posse em livro próprio.

Ao mesmo tempo que há uma renovação a cada três anos dos membros do Conselho, não há uma ruptura total, já que a mudança de um terço torna o processo gradual.

Por ser uma associação e de adesão voluntária, a SRB possui em seu quadro de sócios uma variedade de produtores rurais, empresários e empresas do agronegócio, agentes do setor financeiro, intelectuais e profissionais do setor.

Na esfera de representação, ela mantém ativos 21 departamentos setoriais, que contemplam as principais atividades rurais e integram os maiores fóruns de decisão do agronegócio brasileiro.

A SRB também integra os seguintes fóruns de discussão e decisão:

- Conselho Nacional de Política Agrícola (CNPC)
- Conselho Nacional do Agronegócio (Consagro)
- Federação das Associações Rurais do Mercosul (FARM)
- Fórum Mercosul da Carne
- Câmaras setoriais e temáticas do Ministério da Agricultura
- Comitê Nacional de Agroenergia
- Comitê de Agronegócios da Fiesp
- Ares (Instituto para o Agronegócio Responsável)
- Ipas (Instituto Pró-Alimento Sustentável)
- Presença nas Comissões de Agricultura da Câmara e do Senado Federal

90 Anos

Foto de 1922 da fachada do Palecete Prates na Rua Libero Badaró, 119, sede inical da Rural

Cultivar

A influência da Sociedade Rural Brasileira
na agropecuária brasileira começa em 1919
e nunca termina num futuro construído a cada dia.
A trajetória é recheada de atos, fatos e fotos,
também de História, de personalidades,
de curiosidades.

Cultivar

Cultivar

Para entender a influência e a atuação da Sociedade Rural Brasileira na evolução da agropecuária brasileira é preciso recorrer à cronologia dos fatos, dos atos e da história brasileira. Com esta visão conjunta, somos capazes de decifrar o passado e prever a construção da Rural do futuro.

Primeiro Presidente

Eduardo da Silva Prates, nomeado pelo Papa Leão XIII, Conde de Prates, foi eleito o primeiro presidente da entidade e abriu caminho para o desenvolvimento cerebral da agricultura e pecuária da década de 20. Conde de Prates, nasceu na capital paulista em 1860 e era filho de Fidêncio Prates com Antonia dos Santos da Silva Prates, filha do Barão de Itapetininga. Prates teve como irmãos: José Eduardo Prates, Eduardo dos Santos Prates, Guilherme Prates e Joaquim dos Santos Prates. Fundou com o Dr. Sampaio Vidal e o Sr. Claro de Macedo, a Companhia Central de Armazéns Gerais na Praça de Santos. Fundou também o Banco de São Paulo com o Conde do Pinhal e foi diretor da Companhia Paulista de Estradas de Ferro, além de criar instituições educacionais como o Liceu do Sagrado Coração de Jesus.

Posteriormente, abraçou a causa da lavoura com a fazenda Santa Gertrudes, que no Estado de São Paulo, surge como um dos mais poderosos núcleos do café.

"A personalidade do Conde de Prates está intimamente ligada à Sociedade Rural Brasileira desde os prodomos de sua fundação. Foi em uma das dependências de seus escritórios, à Rua Líbero Badaró nº 119, que em 10 de maio de 1919, às 9h da noite, convocados pelo Dr. Eduardo da Fonseca Cotching, reuniram-se diversos cavalheiros dos nossos meios mais representativos para tratar da fundação da Sociedade Rural Brasileira. E foi ainda no mesmo local, no dia 20 do mesmo mês que se elegeu a primeira diretoria, sendo Conde de Prates seu primeiro presidente", diz uma das primeiras edições dos Annaes da Sociedade Rural Brasileira.

Conde de Prates, empresário e banqueiro, primeiro presidente da Rural

Paulo de Moraes Barros

Em 1921, toma posse o segundo presidente Paulo de Moraes Barros, cafeicultor de renome e grande atuante das novas normas que regiam o setor no Brasil. Nesse período, a Rural passa contribuir com o Governo Federal com o Código Rural Brasileiro e publica o texto Defesa Permanente do Café. "O Dr. Eduardo Fonseca Cotching comunica ter conhecimento de que no Congresso Nacional foi realizada a primeira reunião da Comissão, encarregada de elaborar o Código Rural Brasileiro, melhoramento este há muito advogado pela Sociedade Rural e de que muito necessita o Brasil para o seu progresso agrícola", comentou o secretário da reunião de 1º de junho de 1921.

Paulo de Moraes Barros havia sido secretário de agricultura de São Paulo, de 1912 a 1913.

Defesa Permanente do Café

Nas reuniões de 1921, os barões do café, que já vinham defendendo abertamente na imprensa da época, criaram uma comissão para estudar e ofertar aos poderes públicos sugestões de normas para regulamentar e proteger a cafeicultura.

"Este assunto nos interessa no mais alto grau e que por seu caráter de urgência sobreleva a tudo, até exigir toda nossa atenção, todo esforço para que a Sociedade delibere com urgência e se fixe definitivamente em uma fórmula, que constitua o projeto oficial da Sociedade para ser homologado pela Comissão Permanente da Lavoura e levado à consideração dos Poderes Públicos", diz os Annaes de 1921.

Segue "Como o Governo do Estado ainda não se tenha pronunciado a respeito sobre qualquer plano que pretenda realizar para a defesa permanente do café é de crer que esteja na expectativa de que a Lavoura, pelos seus órgãos representativos, afinal se pronuncie. Todos concordam unanimemente em

Cafeicultor e pecuarista, Paulo de Moraes Barros, segundo presidente

que o aparelho de defesa permanente do café deve constar de três providências capitais:

• Regularização da oferta nos entrepostos de exportação, por meio de regularização das descidas do café do interior;

• Estabelecimento de um preço mínimo para a exportação, que garanta o custo de produção e deixe alguma margem de lucro – preço nunca inferior a 12$000 por 10 quilos para o tipo 4;

• Defesa financeira do preço mínimo e organização do crédito agrícola".

Estas ideias defendidas em reuniões acaloradas na sede da Rural em 1921 são os embriões de toda a regulamentação da política cafeeira existente nos dias de hoje.

Os diretores da Rural formularam um projeto bem definido da Defesa Permanente do Café e, em junho de 1921, foi uma comissão apresentá-lo ao presidente do Estado de São Paulo, Washington Luiz.

O documento, historicamente bem elaborado cria argumentações que influenciavam a cafeicultura da época que muitas vezes são bastante atuais.

"Estando comprovado que as crises ocasionadas pelo preço do café se reproduzem de tempos em tempos, com uma feição matemática, produzindo um desequilíbrio financeiro e econômico prejudicial não só à lavoura como a todas as forças vivas da Nação, e tendo todos, finalmente, compreendido que é tempo de se por um paradeiro a esse estado anormal, que vem também patentear a nossa imprevidência, a nossa falta de organização, passemos a analisar a causa desta situação, estudemos os elementos e os meios de que dispomos, no propósito firme de resolver este problema com segurança", e continua:

"O Brasil concorre com 70% da produção mundial e tem atualmente em mãos 40% dos estoques de café em seus portos e no interior, resultando daí ótima posição do mercado, acrescida com aumento do consumo nos Estados Unidos. Em vista da proibição da venda de álcool (Lei Seca nos EUA), o café constitui uma bebida de baixo custo e de grande procura", argumentou o relato.

Pela proposta encaminhada pela Sociedade Rural Brasileira, além das proteções recomendadas, foi "sui generis" apresentar a ideia de um Banco Hipotecário e um Banco de Crédito Agrícola, além de uma proposta de aumentar o consumo interno e melhoria na organização comercial.

Anos depois o Ministério da Agricultura criou o Conselho Deliberativo da Política Cafeeira (CDPC), que atua neste sentido.

Cruzamento de gado bovino

O cruzamento industrial de bovinos já era uma prática realizada nos anos 1920 com o progressista frigorífico Armour, cuja fazenda "Anastácio" realizou cruzamento com touros da raça européia Hereford com vacas mestiças zebuínas e crioulas.

"O sr H.O. Bernsau depositou sobre a mesa diversas fotografias de gado revelando os excelentes resultados conseguidos por diversos criadores do Estado por meio deste processo de melhoramento. Comunicou mais S.S. que o dr. Pádua Rezende, de Minas, tinha combinado com o sr. Ministro da Agricultura, no Rio de Janeiro, uma experiência a ser feita em escala regular do cruzamento de gados finos europeus sobre vacas de origem zebu, tendo ficado resolvido que para este fim os criadores do Triangulo Mineiro mandassem às fazendas do Ministério da Agricultura 100 vacas ou novilhas mestiças das mais belas que possuíssem com os característicos (sic) necessários de boa formação, chifres curtos e bom úbere. O cruzamento deverá ser feito com várias raças, principalmente com Hereford, Simental, o Schwitz, etc. O mesmo criador escolherá a raça destinada a fazer o cruzamento, no intuito de imprimir ao seu rebanho o tipo para ulterior seguimento. Os produtos figurarão da exposição do Centenário em setembro de 1922", relatou os Annaes de 1921.

Tela de Oscar Pereira da Silva, em homenagem ao Bicentenário do café no Brasil (1927)

A importância desse escrito é fantástica e já aponta à época que o Triângulo Mineiro era a região embrião da liderança nacional em reprodução animal, o que se confirma nos dias atuais. Hoje, em Uberaba, está instalada a maior parte das Centrais de inseminação e de transferência de embriões bovinos do Brasil.

Nestes Annaes de 1921 também foram discutidos:

• O mercado mundial do algodão
• O mercado mundial do café
• O serviço meteorológico do Governo a serviço da cafeicultura
• A situação da Avicultura no país da década de 20
• Alimentação animal
• A Defesa Permanente do Café – aprovado na Câmara Federal com parecer favorável do Deputado Bento de Abreu Sampaio Vidal, diretor da Rural.
• Transporte de reprodutores bovinos
• Propaganda do café no exterior

Também nas edições de 1922 da Revista, a Sociedade Rural Brasileira já acenava para a necessidade do registro de reprodutores de raças nobres, o que era um prenúncio do trabalho precursor dos registros genealógicos.

No princípio de 1922, a pecuária paulista e brasileira vivia uma crise sem precedentes. A reclamação que consta da Revista SRB fala do excesso de estoques de carne mundiais e os frigoríficos brasileiros não estariam vendendo.

Os invernistas de Barretos (SP) fizeram um abaixo assinado e encaminharam à Rural, fato que ajudou a deflagrar a reunião de 15 de fevereiro de 1922.

"A guerra terminara e no balanço final ficou patente que as nações vencedoras que ditam as leis do mundo, pouparam os seus rebanhos além de toda previsão; formaram estoque imenso das carnes remanescentes e decretaram a diminuição dela na alimentação das suas populações. Por essa forma excluiu os mercados, os produtos, como o brasileiro, taxados inferiores e impondo pesadas reduções nos preços dos demais de importação", explicou Paulo de Moraes Barros em discurso de 1922, formulando o documento "A Defesa da Pecuária".

Mato Grosso e o futuro

O presidente da Rural em 1922, Paulo de Moraes Barros, montou uma expedição para conhecer, inclusive fotograficamente, o Estado do Mato Grosso, que estava sendo visitado pelo General Candido Randon.

Em páginas de relatos históricos sobre Mato Grosso, o visionário Barros relata o futuro econômico da região: "O sul do Mato Grosso abrange área aproximada de 400 mil quilômetros quadrados em campos classificados como superiores, bons e medíocres. Da população bovina do estado computada em seis milhões de cabeças, a metade deve-se concentrar no sul do estado (hoje Mato Grosso do Sul). Na atual exposição de carnes frigorificadas, computada a produção como proveniente de 250 mil rezes anualmente, bem apurada a parte que corresponde ao gado de Mato Grosso, não chega a alcançar o quinto do total. Entretanto, só o Sul poderia contribuir com cifra decuplicada", afirmava o visionário.

Imposto Territorial

Em longa reunião de 1922, um brilhante orador, Carlos Leôncio de Magalhães, fez um longo discurso baseado com dados de arrecadações de diversos países do mundo de 1902 à então presente data em que defende a inocuidade da cobrança de tal imposto, devido à sobre-taxa de impostos cobrados da sociedade da época. Defendia-se (modernamente) um imposto único devido aos defeitos do Estado: fiscais, políticos, morais e econômicos.

Gabriel Ribeiro dos Santos

Em 1923, assume o novo presidente Gabriel Ribeiro dos Santos. Figura de projeção na sociedade paulistana, o Dr. Gabriel foi distinguido com a Grã Cruz e a comenda da Ordem do Mérito pelo Governo da Áustria, tendo o Rei Alberto lhe conferido a condecoração especial agrícola de primeira classe, pelos serviços que prestou à agricultura.

Na Sociedade Rural Brasileira e na sua vida pública foi responsável pela instituição do Código de Política Sanitária Animal, transformando-se assim em lei, a iniciativa grandiosa para o desenvolvimento e a expansão da indústria pastoril paulista, que devemos ao ilustre extinto.

Nos registros da Revista dizia - "Os vossos trabalhos concernentes à defesa do café, entre os quais devo destacar a brilhante exposição.As três sociedade agrícolas de São Paulo, vos consagram de fato e de direito como um dos mais sólidos amparos da nossa grande lavoura, esteio principal e base da prosperidade do Estado de São Paulo".

Gabriel Ribeiro dos Santos sai da Sociedade Rural Brasileira para ser o segundo presidente da entidade a ocupar o cargo de Secretário de Agricultura do Estado de São Paulo. O próximo presidente também seria chamado pelo Governo do Estado de São Paulo, numa demonstração da influência e poder da SRB.

Exportação de frutas

Foi publicada na Revista da SRB em 1923, as iniciativas das exportações de frutas para a Europa. "Temos o prazer de trazer ao conhecimento dos consócios, a organização de uma empresa, com sede em Santos, com o objetivo especial de incrementar a exportação de frutas para os diversos países da Europa". A exportação à época era de bananas cultivadas nas encostas santistas e as empresas estavam discutindo a implantação de câmaras frigoríficas no porto de Santos para desenvolvimento de tal empreendimento.

Exportação de algodão

A Revista relatou em 1923, a crescente exportação de algodão brasileiro pelos portos do Rio de Janeiro e Santos. "Merece registro especial o interesse que se vem observando agora por parte da Inglaterra, na produção do nosso algodão em rama, justamente na ocasião em que a produção desse nosso aumento da exportação que em setembro (1923) atingiu o total de 67.913 toneladas, quantidade superior ao da exportação de anos anteriores", informou.

O que se observa é que a Rural funcionava como uma câmara de comércio exterior, onde quase todas as commodities agrícolas exportadas eram apontadas e debatidas em reuniões da entidade.

Instituto do Café

Em 1923 foi vislumbrado pela primeira vez numa reunião da Rural, a criação do Instituto do Café, idealizado pelo dono do Jornal O Estado de S. Paulo, Julio de Mesquita Filho. "No entanto, apesar dos exemplos tão convincentes, o nosso café está até hoje nas mesmas condições em que estava na Arábia há mais de 500 anos. Devemos pensar que se hoje, apesar dos pesares, o café é a principal fonte da riqueza nacional, poderá dar-se que amanhã ele deixar de o ser, por influência de pestes, degeneração da própria planta ou o que já se verifica, por depauperamento das terras. Será possível que São Paulo continue a tratar empiricamente o café? A criação do Instituto do Café é assunto de importância vital para nós", disse em seu discurso, Mesquita Filho, um dos fundadores da Rural. Esse tema foi largamente explorado ao longo de 1923 na Revista da Sociedade Rural Brasileira.

Gabriel Ribeiro dos Santos, secretário de Agricultura de SP e 3º presidente da Rural

Henrique de Sousa Queiroz

Em 1925, foi eleito Henrique de Sousa Queiroz, presidente da Rural (1925 – 1926) e seria reeleito no ciclo 1931 a 1932. Neste ínterim foi secretário de Agricultura do estado de São Paulo (1930).

Milho híbrido

Já em 1925, foi escrito um artigo técnico nas páginas da Revista da Sociedade Rural Brasileira sobre "Hibridação industrial do milho". O artigo mostrava o avanço da tecnologia norte-americana e a Rural estava na vanguarda da tecnologia de sua época.

O grande marco do período foi a criação do Instituto do Café – O presidente do Estado de S. Paulo, Carlos de Campos, promulgou a Lei nº 2004 da criação do Instituto Paulista da Defesa Permanente do Café e descrevia o editorial da Revista da Sociedade Rural Brasileira, descrito na íntegra a referida Lei.

Bos Indicus

Em 1925, se discutia a eficácia do Bos-Indicus no Brasil. O artigo é muito interessante, porque depois de muitos anos vemos que o Nelore (raça indiana) representa mais de 70% do criatório nacional. "O Bos-Indicus ou "Zebu Indiano" compreende muitas variedades e quase todas têm longas orelhas pendentes. O "Nellore" tem altura, muita força, resiste muito à fadiga, mesmo com alimentação ordinária e vive mais tempo", comentava longo artigo na Revista da SRB.

Futuro está na indústria agrícola

Em março de 1925, um artigo bem construído falando da educação no campo com propósito de estimular o aluno, cujo título, é "Rumo ao Campo..." se escreveu: "O futuro do Brasil está no desenvolvimento das nossas indústrias agrícolas. Grande parte da população rural carece de conhecimentos vários que a riqueza e o progresso da Nação exigem. É na escola popular que devem nascer a tradição agrícola e o prestígio do trabalho na roça", reforçou.

Broca do café

Em 1925, houve uma grande infestação da broca do café e medidas foram anuncias das páginas da Revista da Rural, solicitando que os vagões ferroviários (grande transportador de café do interior até o porto de Santos) tomem medidas sanitárias no transporte de grãos e mudas. Em 1927, foi criado o Instituto Biológico da Secretaria de Agricultura e Abastecimento do estado de São Paulo, que até hoje funciona no prédio de art décor, localizado no coração do bairro de Vila Mariana, na capital paulista. Ele nasceu da Comissão de Estudos e Debellação da Praga Cafeeira.

Febre aftosa

Na vanguarda das pesquisas científicas, a Revista anunciava em 1925: "A suposta descoberta do micróbio da febre aftosa". Hoje sabemos que a aftosa é provocada de forma viral, mas em 25, as pesquisas estavam evoluindo na Escola Superior de Veterinária de Berlim, na Alemanha.

Controle leiteiro

Em 1925, a Rural patrocinou uma grande exposição de laticínio, encontro que envolveu a indústria e produtores. Alguns assuntos foram tratados na época como a fabricação mecânica de manteiga, fabricação de gelo, a moderna pasteurização do leite e o controle leiteiro. "Um dos mais importantes, aliás, mais importante dos serviços que realizou a exposição (ao redor do Palácio das Indústrias) foi o chamado "controle leiteiro" pouco conhecido entre nós, porém essencial em relação a tudo que se refere ao leite", dizia o artigo inovador da Revista da Rural.

Antes desta fase (1925) os Anais e a Revista tratavam mais de gado de corte e sua importância para a economia do Estado. Ao final de 25, passou-se a escrever sobre a pecuária leiteira com méritos reconhecidos do Gado Holandês e Jersey.

Irrigação nos Cafezais

A cafeicultura em regiões de cerrado tanto mineiro como baiano é irrigada para compensar a perda de águas das escassas chuvas em épocas importantes para as plantas. Em outubro de 1925, a assistência da Sociedade Rural Brasileira acompanhou a experiência do Dr. Antonio de Barros Uchoa que executou pela primeira vez a irrigação nas suas terras em Ribeirão Preto. "De maneira prática, segura e eficiente, a primeira instalação de irrigação de cafezais", comentou a Revista da Rural.

Esse assunto dominou as páginas da Revista em 1926, já que a semente fora plantada em 25 para seus leitores ávidos.

Melhoramento das pastagens

Em 1926, a Revista da Rural tratava com preocupação do melhoramento das pastagens bovinas. "Necessidade de adubação das terras de pastagens, importante para a produção animal. Cada corte de forragens, a cada estação do ano, e o ciclo de vegetação das gramíneas e leguminosas, retiram do solo elevadas percentagens de elementos nobres da terra", informava.

Adubos químicos

Muito antes de se falar em revolução verde, que data do pós-segunda Guerra Mundial, em 1926, um extenso artigo técnico da Revista tratava dos adubos químicos, o que no futuro seriam reconhecidos como defensivos agrícolas.

Diretoria de 1925. Esquerda acima: Dr. Henrique de Souza Queiroz, presidente e seus diretores

Dois Presidentes

No início de 1927 o presidente da Sociedade Rural Brasileira era Bento de Abreu Sampaio Vidal. Político de carreira e lavrador por investimento, tinha sido Ministro da Fazenda e trabalhou na transição entre Souza Queiroz e Figueira de Mello. Já em abril do mesmo ano, assumiu a presidência Luiz Vicente Figueira de Mello.

Mas lá em 1929, período de crise econômica mundial, assumia a presidência da Rural, o Bento de Abreu Sampaio Vidal, ex-deputado e homem da lavoura do café.

O mesmo escreve um artigo sobre a retenção do café: "Nos dias angustiosos que passamos, os fazendeiros de café, em que o especulador americano nos obrigava a entregar-lhe o produto do nosso trabalho por preço inferior ao custo de produção, fizemos uma campanha memorável para obtermos dos poderes públicos a instituição da "Defesa Permanente". A Sociedade Rural Brasileira foi o centro da campanha. Da retenção do café provém todos os nossos males", colocou à época. A retenção foi evocada novamente nos anos 2000. Apenas o Brasil reteve, enquanto seus concorrentes venderam livremente.

Ele ficaria por duas gestões: entre 1929 e 1930 e depois entre 1933 e 1938, sendo entre 1937 e 1938, nomeado secretário de Agricultura do Estado de São Paulo.

Ainda sobre o café, nesta gestão, foi realizado o 4º Convênio dos Estados Cafeeiros – Sob o comando do Dr. Mario Rolim Telles, secretário da Fazenda e presidente do Instituto de Café de São Paulo, foi firmado em 1929, o quarto Convênio dos Estados Cafeeiros (São Paulo, Minas Gerais, Rio de Janeiro, Espírito Santo, Goiás e Paraná). Para regular um mercado de café que sofrera com a geada de 1928 e que estava novamente com uma safra reduzida de 24 milhões de sacas para 9 milhões, devido à quebra, firmou-se o uso de cotas por estados naquele ano.

Também o primeiro Congresso dos Lavradores de Café

"Foi um acontecimento deveras auspicioso. O Primeiro Congresso dos Lavradores de Café do Estado de São Paulo, convocado para debelar a crise que atualmente assoberba o mercado do nosso principal produto. Cerca de 1.200 lavradores, representando obra de 400 milhões de cafeeiros ali estiveram, formando uma esplêndida assembléia", comentou o artigo da Revista de 1929.

O patrocínio do evento ficou a cargo da Sociedade Rural Brasileira, Sociedade Paulista de Agricultura e da Liga Agrícola.

Em 1927 – Projeto de Código Florestal

O Deputado Estadual Dr. Orlando de Almeida Prado apresentou ao Congresso Estadual um Projeto de Código Florestal para minimizar o problema do Reflorestamento em São Paulo. "Esse projeto representa ou deixa transparecer as lavouras intenções do seu autor quanto à necessidade de se legislar adotando medidas de proteção das matas e reflorestamento artificial do nosso Estado", de acordo com extenso artigo tratando do assunto na Revista da Rural.

Exportações de laranja em ascensão

O sócio da Rural, Dr. Mario de Souza Queiroz, relatou em artigo de 1928 os benefícios do cultivo e da exportação

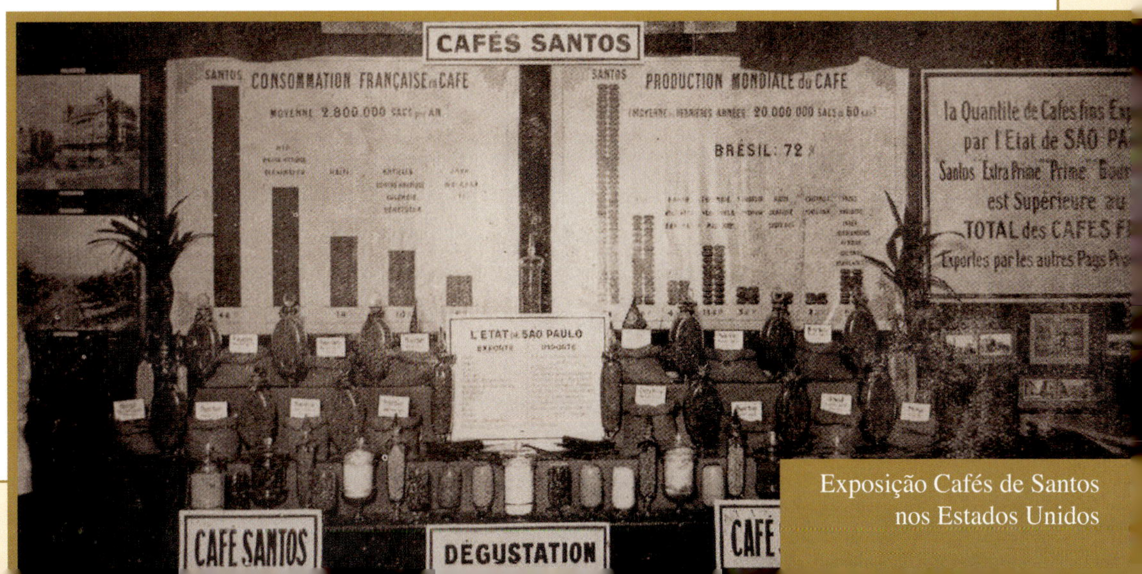

Exposição Cafés de Santos nos Estados Unidos

da laranja brasileira. Inclusive cita o sucesso das exportações de banana para que os produtores e exportadores tivessem idéia da importância de fruto. "Assim, ao lado da banana, já se começou a exportar laranja em quantidade. Só no ano passado (1927) S. Paulo exportou para os mercados da Inglaterra e Alemanha cerca de 60 mil caixas, entre laranjas bahiana, pêra, cravo e limão siciliano", diz o artigo.

Neste mesmo período, a citricultura já ocupava destaque nas reuniões e nas publicações da Rural. Num artigo, citava o serviço de citricultura "para bem orientar os fruticultores do estado a cargo do Instituto Agronômico, que terá por capital missão, a organização dos produtores em associações cooperativas regionais, a fim de podermos concorrer vantajosamente com outras regiões citricolas".

Indústria Açucareira

A procura da diversificação, com a crise aguda do café, surgem os primeiros artigos nas publicações da SRB sobre a Indústria Açucareira em São Paulo, ainda em 1930. Em artigo publicado na Revista da Rural daquele ano, o engenheiro agrônomo Ricardo Azzi, descrevia sobre "o problema das variedades de cana e a necessidade da organização de uma Associação de Técnicos Açucareiros em São Paulo", comentava. Surge nas páginas da Revista o embrião das entidades açucareiras da atualidade como a União da Indústria de Cana-de-Açúcar que reúne produtores do Centro-Sul do Brasil.

Em 1934, na sede da Sociedade Rural Brasileira, o Sr. Leonardo Truda, presidente do Instituto do Açúcar e Álcool falou sobre os problemas do setor: "Em São Paulo, o problema da produção açucareira se apresenta sob aspecto diverso do que ele oferece nas zonas produtoras fluminenses e nordestinas, e, em torno das soluções para ele adotadas se podem suscitar, razões de debate e motivos de oposição inexistente naquelas regiões. Dentro do quadro atual das nossas necessidades, à aplicação e consumo de álcool, como combustível, se oferecem perspectivas para as quais, em face de nossa capacidade presente de produção, só as grandes distâncias se apercebem limites. Se aspirarmos, então, substituir ainda que um terço do nosso consumo de gasolina pelo combustível nacional líquido, teremos aplicação para cerca de cem milhões de litros de álcool motor", dizia o visionário texto de 1934.

Departamento de Pecuária

Em 10 de janeiro de 1930, foi criado, na Sociedade Rural Brasileira o Departamento de Pecuária. "Toma a palavra o sr. Fleming para propor que a Sociedade Rural nomeie uma Comissão Permanente de Pecuária, composta por 7 membros, assim distribuídos:3 dos frigoríficos e 4 representantes dos criadores e invernistas. Essa comissão permanente teria por fim encaminhar as resoluções tomadas nas sessões de pecuária e tomar todas as providências que julgar acertadas para o bom prosseguimento da atual campanha de reerguimento (sic) da pecuária nacional", comentou a Ata da primeira Reunião do órgão da Rural.

PECUÁRIA

A administração agraria e a criação de gado. -- Elemento de avaliação para a escolha das vaccas

Collaboração especial)

Dr. JULIO

O crescente consummo do leite e dos lacticinios em geral tem contribuido grandemente para intensificar e estender a criação do gado de leite, cuja industria é das mais lucrativas. Por esta razão creio mui opportuno, desta vez, entreter-me

de transformar rapidamente grandes quantidades de forragem em leite. O animal, alem de ter os caracteres da propria raça — lembremo-nos sempre que a pureza da raça constitue uma certa garantia tambem sob o ponto de vista da productibili- ... alem de ou- ... a grande capa- ... mais clara- ... po" de leitei- ... constituição,

Para que uma vacca possa ... zir o maximo rendimento d... só ser sadia mas deve poss... vigorosa constituição tal d... ser desfructada convenientem... um maior tempo possivel.

O periodo de desfructame... de uma vacca depende ... systema de alimentação e d... ne como da robusta cons... A grande producção de le... desfructamento prolongado s...

A revista tratava de todos os assuntos do agronegócio e a pecuária era um dos destaques

Departamento de Avicultura

Inaugurou-se no dia 25 de fevereiro de 1930. Nesta reunião o Dr. Benevides de Rezende destacou: "A criação do Departamento Avícola se destina a fins que merecem a atenção de todos. Explicou a necessidade do cooperativismo, sem o que nada se conseguirá de prático e viável, sendo que ele ainda poderá resolver a crise da pequena propriedade. Declarou que o Brasil proclamará sua independência econômica, quando ao lado das grandes culturas, se desenvolverem as pequenas lavouras e criações. Ao Departamento de Avicultura foi doada pelo sr. A. Maia, uma coleção completa da revista "Chácaras e Quintaes", material que se encontra na Biblioteca da Sociedade Rural Brasileira até os dias de hoje.

Marcação da saca

Em 1932, foram divulgados foto e artigo da "nova" marcação da sacaria tipo exportação do Brasil em que dizia: "Santos – Café do Brasil – Estado de São Paulo". "A marcação – esta medida de alto alcance para a propaganda e, portanto para intensificação do consumo de nossos produtos no estrangeiro. D´aqui por diante o ótimo café brasileiro já não poderá ser negociado no estrangeiro como café da Guatemala", dizia o artigo.

Criação do Conselho Nacional do Café

Órgão do governo de proteção da cafeicultura – Em 24 de abril de 1932 foi feito o primeiro relatório ao Ministro da Fazenda, senhor Oswaldo Aranha, de criação do Conselho Nacional do Café. "Em convênio convocado pelo governo do Estado de São Paulo, sendo interventor o Cel. João Alberto Lins de Barros, por deliberação dos cinco Estados brasileiros maiores produtores de café e aprovação do Governo Federal, foi criado o Conselho Nacional do Café, por ocasião de um ano de estudos sobre a situação do café entre 1931 e 1932", informou a Revista da Rural.

Modificação da Política Cafeeira

A influente Sociedade Rural Brasileira de 1937, em ação pró-ativa, resolveu redigir um documento pedindo ao Governador do Estado de São Paulo uma "Modificação da Política Cafeeira" que contemplasse: Distribuição de cotas de exportação aos estados cafeeiros; Cota de equilíbrio de 30% gratuita; Compra de 7 milhões de sacas dos excessos das safras velhas e Aumento de 50% nos estoques dos portos", plano que fora esboçado detalhadamente na Revista da época. No período, os excessos de café de 1937 eram queimados – "Em lugar da defesa do café pelo equilíbrio (entre oferta e demanda), somente nos portos, entre a oferta e a procura que resultava o acúmulo dos estoques no interior, recorreu-se ao obtido artificialmente pela queima contínua dos excessos de cada safra", informava em entrevista à Revista da Rural, Dr. Cesário Coimbra, presidente do Instituto do Café do Estado de São Paulo.

50 anos dos IAC em 1937

A Revista da Rural fazia um editorial especial em agosto de 37: "Conta o nosso grande Instituto o seu primeiro cinqüentenário de serviços prestados à agricultura do país, mercê da visão do Conselheiro Antonio Prado, Ministro da Agricultura do então benemérito D. Pedro II. É inegavelmente um atestado peremptório da agudeza de espírito dos homens daqueles tempos, há cinqüenta anos criando um Instituto de pesquisas agrícolas, considerando-se, que mesmo nos dias que correm as coisas de campo ainda pouco merecem da devida atenção pública, como seria de esperar. Em cinqüenta anos, o nosso Instituto Agronômico muito tem feito, mas a sua influência sobre a agricultura paulista data de poucos anos, o que se explica em parte pela adaptação admirável do cafeeiro entre nós. Além de criar variedades de algodoeiros, criando, certamente condições propícias para exportação da fibra. Por esses cinqüenta anos de sua existência, a Sociedade Rural Brasileira presta reverentes homenagens ao Instituto Agronômico de Campinas.

Alberto Whately

Assume a presidência Alberto Whately, figura de grande projeção no cenário da agricultura e da pecuária paulista e pertencente aos quadros da Sociedade Rural Brasileira desde os seus primórdios.

Zebu – Riqueza Paulista

Cerca de 20 anos foi o prazo para os paulistas se curvarem ao desempenho, qualidade e aplicação das raças zebuínas para sua pecuária. Em texto da Revista de agosto de 1940, Durval Garcia Menezes, chefe da divisão de Fomento da Produção Animal do Ministério da Agricultura afirmou: "A convite do presidente Dr. Alberto Whately, cujos títulos morais e intelectuais são garantias que enriquecem e prestigiam a presidência da SRB e instado e animado por vários técnicos e fazendeiros de São Paulo, não podemos fugir ao dever de expandir as nossas idéias sobre o palpitante assunto da pecuária que é o Zebu no Brasil Central" e continuou: "É preciso que São Paulo organize um corpo de técnicos que com conhecimento de causa percorra as regiões onde estão instaladas as grandes invernadas. E então, junto aos invernistas trabalhe numa campanha em favor do preparo e conservação de pastagens em condições de receberem e manterem um número razoável de bois engordando rapidamente em 7 a 12 meses, conforme a era da boiada".

Conforme podemos perceber, o ano de 1940 foi um divisor de águas para a produção em larga escala das raças zebuínas e cruzadas no Brasil.

Luiz Vicente Figueira de Melo

Em 1941 assumiu a presidência da Rural, Luiz Vicente Figueira de Melo. Como vice-presidente, assumiu Joaquim de Abreu Sampaio Vidal. Na ata constante na Revista daquele mesmo ano, "em substituição ao Sr. Alberto Whately, que por motivos pessoais, recusou a sua reeleição".

Joaquim de Abreu Sampaio Vidal

Era filho do ex-presidente Bento de Abreu Sampaio Vidal. "Ao assumir nesta solenidade a presidência da Sociedade Rural Brasileira atinjo o mais alto posto da carreira agrícola, realizando uma das mais acalentadas aspirações da minha vida. E proclamo, sem falsa modéstia e sem rubor, que nobremente ambicionei esta investidura, buscando-a por atos de dedicação à classe a que me ufano de pertencer", comentou em seu discurso de posse, Joaquim Sampaio Vidal.

Registro Genealógico

Criado o Departamento de Pecuária, a Sociedade Rural Brasileira desenvolve o Registro Genealógico. Em agosto de 1940 houve um anúncio na Revista em que se lia: "A Sociedade Rural Brasileira tem a satisfação de comunicar a todos os seus associados e pessoas interessadas, criadores de gado indiano, que o Serviço do Registro Genealógico dessa Raça será iniciado em nosso estado, ainda neste ano, em virtude de um entendimento que acaba de realizar com a Sociedade Rural do Triângulo Mineiro, de acordo com o Ministério da Agricultura e Secretaria da Agricultura do Estado de São Paulo", comentava.

E continuava - "Depois de termos visitado 30 municípios paulistas e 69 propriedades de criação de Zebu, a serviço do Registro Genealógico das Raças Indianas, achamos que os nossos criadores precisam conhecer melhor o registro genealógico. Por isso, vamos iniciar na Revista da Sociedade Rural Brasileira o debate de questões relacionadas com o registro, numa linguagem simples, de mera divulgação e destinada a todos os criadores. Para atender, simultaneamente aos dois trabalhos – melhorar a produção e uniformizar o gado – o registro genealógico das raças indianas, mantido pela Sociedade Rural Brasileira no Estado de São Paulo, tem por norma básica a harmonização dos caracteres raciais com os caracteres de produção".

Neste período, a SRB é o amparo para a criação da Sociedade Rural do Triângulo Mineiro (um dos idealizadores era sócio da Rural – Bento de Abreu Sampaio Vidal), que é o embrião da Associação Brasileiro de Criadores de Zebu (ABCZ).

A SRB, após a perda de apoio dos cafeicultores, vivido após inúmeras crises de preços e de grandes produções e concorrência de outros países do mundo, abriu espaço a uma nova fonte de receita, o Registro Genealógico do Zebu paulista.

Curso de Pecuária ao Alcance de Todos

Com a presença do exmo. Sr. Dr. Paulo de Lima Correa, Secretário de Agricultura e perante numerosa assistência, realizou-se em 16 de fevereiro de 1943, na sede da Sociedade Rural Brasileira, a inauguração dos cursos relâmpagos ao alcance de todos, iniciativa desta entidade. "É com grande prazer que a SRB inaugura hoje os cursos relâmpagos ao alcance de todos que a sua diretoria resolveu instituir para

A Sociedade Rural Brasileira tem a satisfacção de communicar a todos os seus associados e pessôas interessadas, criadores de gado indiano, que o Serviço do Registro Genealogico dessa Raça será iniciado, em nosso Estado, ainda este anno, em virtude de um

"TORRESMO" — Campeão da Raça Gyr, de propriedade e criação dos Snrs. Julio Costa Filho e Nilo Jacyntho Lemos, criadores paulistas residentes em Franca.

Registro Genealógico do Gado Zebu em São Paulo, ficou na Rural por mais de 20 anos

estudo e melhor divulgação dos numerosos e variados assuntos concernentes às diversas atividades agrícolas e pastoris, fazendo a proposta o senhor Antonio Carlos de Arruda Botelho", comentava.

Extinção do Instituto do Café

Em 1941, era pauta nas reuniões da Sociedade Rural Brasileira, a extinção do Instituto do Café feito pelo sócio Paulo Sampaio Vidal: "Seria conveniente à Sociedade Rural representar ao governo no sentido de se encontrar outra solução para se organizar o crédito agrícola no estado, mesmo com a extinção do Instituto, uma vez que este já não tenha razão de existência", declarou o orador. A preocupação dos agricultores era de incorporar o dinheiro do Instituto que representava algo em torno de 500 mil contos de réis, para incentivo financeiro à agricultura brasileira.

Um longo documento exposto nas páginas da Revista em maio de 1944, por Jayme Fernandes Guedes sobre o relatório do Conselho Consultivo do Departamento Nacional do Café. "A deflagração da Guerra européia a 3 de setembro de 1939 encontrou o nosso café numa situação estatística de promissoras perspectivas. Após sete anos, de um trabalho pertinaz atingia o governo federal, os objetivos buscados. Em 1938 as exportações acusavam 17,2 milhões de sacas em 1939, 16,6 milhões de sacas, record de nossas exportações. Os acontecimentos se desdobraram daí pra cá na esfera mundial dependendo o Brasil de um reajuste", explicava a situação da época.

Lei da Sindicalização Rural

Publicação do Decreto-Lei nº 7.038 de 10 de novembro do mesmo ano, assinado por Getúlio Vargas, que rege sobre a Sindicalização Rural. Nesse momento nascem as bases para a formação da Confederação Nacional da Agricultura, das Federações e dos Sindicatos Regionais.

"O Sindicato exprimirá o pensamento e a vontade dos agricultores agremiados, mais tarde reunidos em suas Federações estaduais e interligados em suas Confederações Centrais. Obedecendo os próprios reclamos da índole federativa de nossas instituições e às sugestões da Sociedade Rural Brasileira", dizia a mensagem do Decreto.

Constava-se ainda:

"Art. 1º - É lícita a associação para fins de estudo, defesa e coordenação de seus interesses econômicos ou profissionais, de todos os que, como empregadores ou empregados, exerçam atividades ou profissão rural.

§1º - Os sindicatos rurais serão organizados normalmente reunindo exercentes de atividades ou profissões idênticas, similares ou conexas, podendo o Ministro do Trabalho, Indústria e Comércio permitir, excepcionalmente, a organização de entidades congregando exercentes de atividades ou profissões rurais diferentes, comprovada a impossibilidade de serem organizadas entidades específicas", citava a Revista.

Qualidade do Zebu

Em dezembro de 1944, Dr Mário de Souza Queiroz pediu que fosse lido o seguinte comunicado dos frigoríficos em favor da carne do zebu: "Os frigoríficos Armour, Anglo e Continental declararam que a carne do Zebu é superior à do gado nacional, que não apresenta indícios de melhoramento em sua criação, não sendo inferior a outro gado; que o gado muito gordo, Zebu de alta qualidade, depois de 48 horas de abatido, rende em carne limpa cerca de 50%, o que é tão bom quanto o rendimento obtido com o Durham e aconselham aos criadores, os touros de melhor qualidade, Zebus puros. Um lote de zebus puros por cruzamento, bem preparado, foi classificado na Inglaterra, igual à melhor carne argentina", declarou em Ata.

Antônio de Queiroz Telles

Foi presidente de 1946 a 1947. Em dezembro de 1944, houve das mais acirradas eleições da Sociedade Rural Brasileira, a ponto de gerar um editorial na Revista, comentando o fato pitoresco. "A pequena diferença havida no resultado final prova, mais do que as nossas palavras, o empenho e o interesse despertado. Foi uma manifestação ampla e uma consulta aos sócios da Sociedade Rural Brasileira, que gozaram mercê da atual diretoria, a mais completa liberdade de ação e tiveram por parte de seus diretores, todas as facilidades, as informações e a garantia da absoluta ordem que reinou em todas as fases. Encerradas as eleições tiveram início as apurações. Era uma hora da madrugada do dia 28, quando o presidente da assembléia fez a contagem dos envelopes, encontrando elevado número de 726 votantes", foi o comentário da eleição que definiu a nova diretoria para o biênio 1945/47 sob a regência do Antonio de Queiroz Telles que ganhou as eleições com 364 votos contra 361 votos do então presidente Joaquim Abreu Sampaio Vidal.

No período, foi criado o Banco do Café. Essa nova instituição viria a substituir o Departamento Nacional do Café. "O Dr. Antonio de Queiroz Telles comunicou à casa que o Sr. Ministro da Fazenda pediu indicação de dois representantes da Sociedade Rural Brasileira, que deverão compor a comissão encarregada de estudar a organização do Banco do Café, que como se sabe, será substituto pelo DNC, após a extinção dessa autarquia", conforme descrito na Revista em janeiro de 1946.

Departamento de Economia Rural

Os anos 1946/47, o Brasil passava por profundas mudanças em sua economia. Na Sociedade Rural Brasileira também não foi diferente. Criou-se o Departamento de Economia Rural. "O Sr. Presidente, Dr. Antonio de Queiróz Telles, de-

Antônio de Queiroz Telles foi o nono presidente da Rural

clarando inaugurada a sessão, diz ser essa uma velha aspiração da Sociedade, que com satisfação vê naquele momento concretizada fato que espera serem benéficos e reais serviços para a agricultura. Já na primeira reunião fora tratado o assunto da 'Organização do Crédito Agrícola' que é problema de principal importância para o desenvolvimento da economia brasileira", comentou a Revista em Fevereiro de 1946 por ocasião da 1º Reunião de Economia Rural na SRB.

Imigrantes para a lavoura

"A Sociedade Rural Brasileira oficiou ao dr. Oscar Correia, diretor do Conselho Nacional de Imigração e Colonização, manifestando o seu interesse na vinda de imigrantes para a lavoura. Em resposta, o presidente daquele Conselho informou estar empenhando todos os esforços no sentido de favorecer a vinda de grande número de agricultores de Portugal, Espanha e Itália para trabalhar na lavoura paulista", comentou na Revista de fevereiro de 1947.

Raul da Rocha Medeiros

Foi eleito por 257 votos, esmagadora maioria, o presidente Raul da Rocha Medeiros para o biênio 1947/48. Em discurso de posse, Medeiros disse que "A Sociedade Rural Brasileira, cuja fundação data de 20 de maio de 1919, é obra do espírito culto e empreendedor do lavrador paulista e reflete desde sua concepção até nossos dias (1947) os seus anseios pela organização e pelo soerguimento das classes rurais brasileiras", comentou em trecho do discurso.

Realizou, durante seu período administrativo as Mesas Redondas de "Conservação do Solo" e a "1ª Mesa Redonda do Café", nas quais se debateram os mais variados problemas rurais do Brasil. Depois, em 1956, ocupou a presidência do Instituto Brasileiro do Café em momentos cruciais da economia nacional, em cujo posto se destacou por suas ponderadas deliberações.

Instituto de Economia Rural

A fim de organizar o pensamento do setor, o presidente da Rural criou o Instituto de Economia Agrícola da Sociedade Rural Brasileira. "De há muito fazia-se sentir entre as classes rurais a necessidade de um órgão de pesquisas e informações econômicas, principalmente nestes últimos, de problemas econômicos. Procurando dotar também as classes rurais de um órgão especializado em Economia, o Dr. Raul da Rocha Medeiros, presidente da Rural tem desenvolvido uma grande atividade no sentido de organizar o Instituto de pesquisas econômicas para fornecer estudos para São Paulo e para o Brasil", comentou a Revista em maio de 1947.

Plantemos soja!

Dizia um título chamativo nas páginas da Revista da Rural de 1947. O artigo fazia um comparativo de vários anos anteriores do avanço da soja em território dos Estados Unidos

A Rural recebia e ainda recebe autoridades de várias partes do mundo

de 1920 a 1945, que saiu de 202.450 hectares para 5,7 milhões de hectares em solo americano. O artigo comentava a produção mundial de soja e o Brasil nem constava na lista. O primeiro era a China com produção de 5,5 milhões de toneladas, a Manchúria (que seria anexada à China posteriormente) com 3,9 milhões toneladas e os Estados Unidos com 1,5 milhões de toneladas produzidas em 1935 (dados da época).

1948 – Código Rural Brasileiro

O presidente do Instituto de Economia Agrícola da Rural, Francisco Malta Cardoso, discorreu longo artigo/defesa do Direito Rural, Reforma Agrária e o Código Rural Brasileiro, como contribuição à Nação do IEA da Rural. A Rural ofereceu contribuição, a qual fora quase que integralmente incorporada à legislação de 1948.

Francisco Malta Cardozo

Em 27 de janeiro de 1949, foram realizadas eleições para o novo mandato 49/51, e foi eleito o economista Francisco Malta Cardozo, ex-presidente do Instituto de Economia Rural da S.R.B. "O pleito registrou a maior votação individual até hoje verificada no tradicional órgão de classe. Malta recebeu 426 votos contra 1 voto do ex-presidente Raul da Rocha Medeiros e 1 voto do ex-presidente Antonio de Queiroz Telles. A escolha das chapas demandou amplos entendimentos com os associados que mais assiduamente tem colaborado nos trabalhos da Sociedade", comentou a Revista da época.

Pavilhão da Rural

Foi inaugurado em fevereiro de 1949, por ocasião da instalação da Primeira Mesa Redonda da Conservação do Solo, o Pavilhão da Sociedade Rural Brasileira. A bandeira (que está na capa da Revista de abril de 1949) foi abençoada pelo Cardeal Carmelo de Vasconcellos Motta.

Departamento de Cooperativismo

Em fins dos anos 40 e início dos anos 1950, a Rural trouxe para seus quadros a bandeira do cooperativismo, inclusive ministrando cursos de formação. "O Departamento Técnico de Cooperativismo da Sociedade Rural Brasileira está procurando desempenhar-se de todos os deveres, que lhe incumbem por força do seu Regulamento. Vai ao fim o segundo Curso Intensivo de Cooperativismo, por ele mantido. Acaba de fundar o Curso de Administradores de Cooperativas, cujo início será brevemente anunciado e chegam a conclusão às providências necessárias à instalação do Centro de Estudos e Divulgação do Cooperativismo", comentou editorial da Revista de maio de 1949, data em que a Rural completava 30 anos.

Jeeps para a Lavoura

A Sociedade Rural Brasileira foi autorizada pelo governo federal de importar 250 Jeeps para vender a seus associados. "A Rural está empenhada na propaganda dos diversos processos de mecanização dos trabalhos da lavoura. O Jeep nesse sentido, aparece em São Paulo como uma das máquinas mais úteis de produção, auxiliando no transporte rápido e seguro, dentro das fazendas e nas zonas rurais. É de grande valia durante as colheitas e no combate às pragas", dizia o artigo de 1949.

Saúde no campo

Em 1951, ainda na gestão de Francisco Malta, foi organizada e patrocinada pela Rural uma Campanha Médica-hospitalar e Sanitária para as populações da roça. Uma tropa organizada por médicos e enfermeiros percorreu o interior do Estado de São Paulo a fim de ajudar a população de colonos na cura de enfermidades. O objetivo, no entanto, era educar o povo sobre os conceitos de higiene.

Inauguração da sede própria

Com a presença do Cardeal Arcebispo de São Paulo D. Carlos Carmelo de Vasconcelos Mota, a sede própria da Sociedade Rural Brasileira fora inaugurada em 25 de janeiro de 1951 (dia do aniversário da cidade). "A Sociedade Rural Brasileira, nas pessoas de seus Diretores e Associados, nesta data histórica da Fundação de São Paulo, cidade Anchietana, assim denominada em homenagem ao Apóstolo-Soldado, desejamos agradecer o amparo dado à nossa instituição e secundando as bênçãos lançadas por Sua Eminência Cardeal D. Carlos Carmelo de Vasconcelos Mota. Elevar a Deus nossos corações rogando seu amparo misericordioso a essa plêiade de velhos e leais Bandeirantes do Progresso, quer de nascimento ou de adoção e que no passado constituíram a grandeza da pátria, estendendo, aos mais longínquos rincões de nosso Estado a Onda Verde da preciosa rubiácea, esteio econômico de nosso amado Brasil", declarou o presidente à solenidade.

Foi na Revista de dezembro de 1950 que se mostrou a foto do Edifício CBI, onde ficaria a sede da Rural que permanece até os dias atuais. Em 1951, a sede começou a funcionar efetivamente. Em 2009 completa 58 anos da nova sede, à rua Formosa, 367, 19º andar, no Anhangabaú. Para a compra da nova sede foi feita uma arrecadação solidária entre os sócios e amigos da Rural, que doaram, à época quantias entre CR$ 1.000,00 a CR$ 50.000,00. Com o dinheiro arrecadado, comprou-se o andar in-

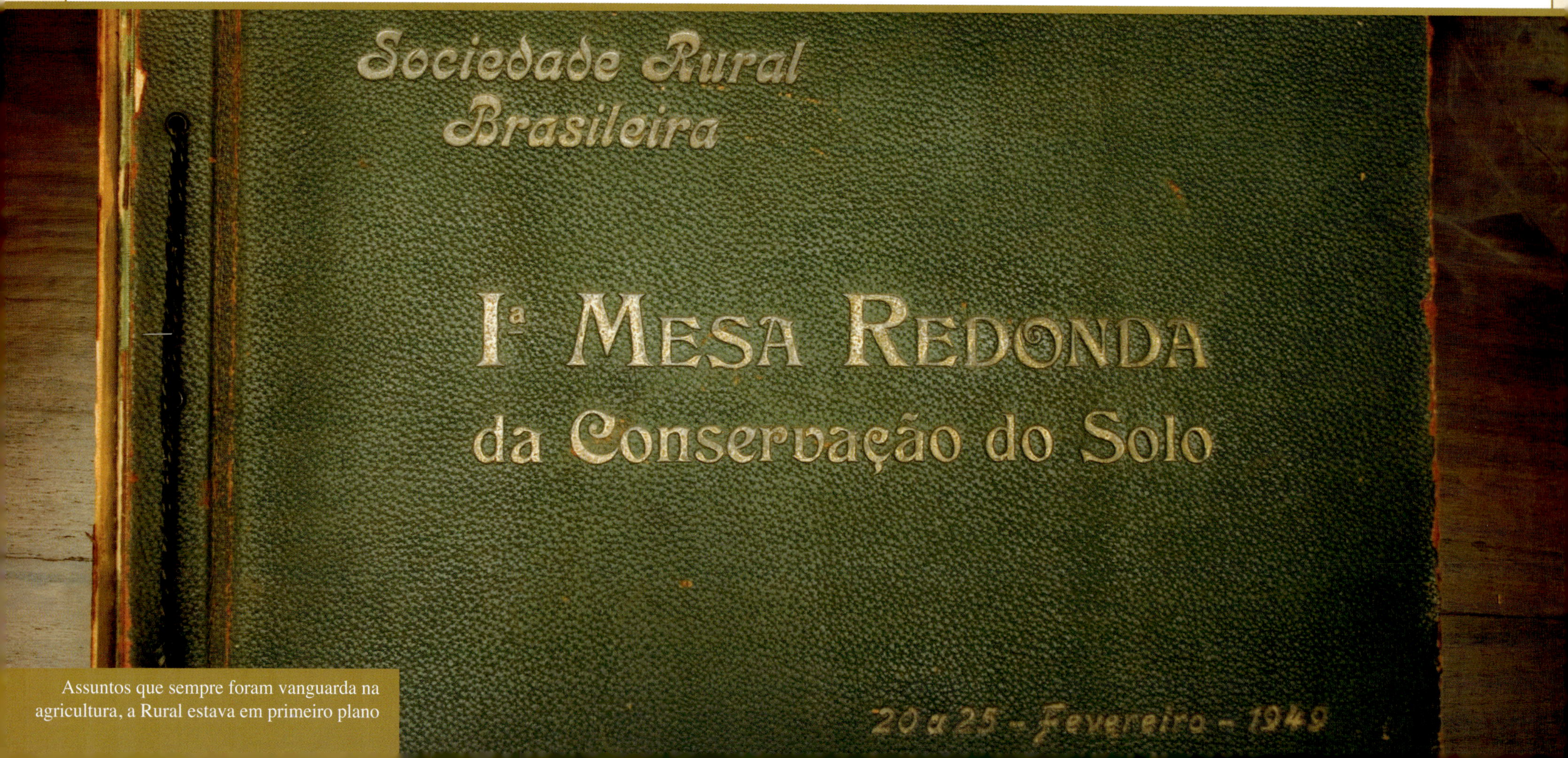

Assuntos que sempre foram vanguarda na agricultura, a Rural estava em primeiro plano

teiro do novo edifício do vale do Anhangabaú. A Sede custou à Rural CR$ 4.283.469,00 (cruzeiros) e foi comprada com o investimento inicial de CR$ 235.350,00 e o restante a serem pagos em 15 anos.

Faculdade Livre do Cooperativismo na Rural

Funcionava dentro da Rural a instituição de ensino. Quando da inauguração da sede, aproveitou-se para diplomar a primeira turma de Técnicos em Cooperativismo. O presidente da Rural, Francisco Malta Cardozo foi o paraninfo desse primeiro grupo a se formar na chamada Faculdade Livre do Cooperativismo.

"O programa da Faculdade foi cumprido galhardamente no Ano Santo de 1950 e, sistematizando o ensino Cooperativista em São Paulo, inculcando convicções e preparando mentalidades, atingiu ele a sua meta, lançando hoje a Faculdade na Vida Pública, o seu primeiro núcleo de propagadores dessa doutrina, esperando nós que novas turmas se seguirão", discursava o Cardeal na conclusão do curso.

Inseminação artificial em São Paulo

A Revista da Rural relatou em maio de 1950 que fora realizada a primeira experiência de inseminação artificial em São Paulo. "Recebemos do Departamento de Produção Animal do Estado, o primeiro "Boletim de Inseminação Artificial" publicado por aquele por aquele órgão. A inseminação artificial que poderia ser chamada de inseminação instrumental há muito que está sendo utilizada em grandes países pecuaristas , demonstrando ser um dos grandes fatores que auxiliam de maneira significativa a melhoria rápida dos rebanhos", informou.

Mário Rolim Telles

Foi eleita a nova diretoria para o biênio 1951/1953, sendo eleito para presidente, o cafeicultor Mario Rolim Telles. "Seria ocioso repetir que o Café é o Brasil, com mais justa razão. O café é a Sociedade Rural Brasileira. A vida social está intimamente ligada à sua sorte", dizia em discurso de posse, o Dr. Telles.

Rádio como propaganda do Rural

Desde 1950 funcionava na SRB, a Rural com objetivo educacional. Como iniciativa de propagar os ensinos do meio rural, criou-se aulas de Agricultura Elementar na Rádio América de São Paulo. Uma das aulas de 1951, a IX Aula dizia: "Vamos prosseguir com a "Produção Cafeeira no Brasil" como o fator primordial da nossa economia".

Férias dos colonos

Numa época em que se revolucionavam os contratos trabalhistas, a grande discussão que tomou conta das páginas da Revista da Rural foi "O Colono e o Direito às férias". "O colono se compromete, de um modo geral, durante o ano da vigência do trato (cultural) a executar carpas no cafezal, num mínimo de três, bem como proceder da chamada coroação, 'esparramação' de cisco e a colheita, pela qual receberá

Primeira turma de formandos da Faculdade Livre de Cooperativismo

por alqueire colhido. O direito a férias é adquirido após cada período de doze meses de vigência do contrato de trabalho". Estavam se estabelecendo as devidas regras em favor do colono, sob protestos de alguns tradicionalistas.

Fusão

A Rural incorpora a Associação dos Lavradores de Café em abril de 1951, instituição que foi presidida por Alberto Whately (falecido em 1950). Foi feita uma Assembléia Geral Extraordinária para que houvesse ampla discussão dos estudos encaminhados em paralelo pelas duas instituições.

Café do Brasil na França

Em 1951, cerca de 50% do café consumido na França era de origem africana. O Brasil exportava 35% das necessidades francesas. Uma reunião entre os diretores da Rural e o conselheiro do comércio da França, A.J. Arioux em abril de 51, discutiu o incremento das exportações brasileiras à região. Em 1º de maio daquele ano, passaria a funcionar a Bolsa de Havre, no porto de mesmo nome.

Escola Agrícola "Luiz de Queiroz"

Em junho de 1951, a Revista prestou homenagem ao meio século de existência da Escola Agrícola Luiz de Queiroz. "Piracicaba do tempo do cativeiro, Piracicaba de 1870-1880, Luiz de Queiroz, moço que vivia a vida antecipada, dono de uma visão profunda, capaz de enxergar onde os outros não enxergam, viera para cá tomar posse de uma propriedade agrícola herdada pelo pai e botou cisma na gente piracicabana. Mas a cidade fez das suas e conquistou-o, pois representava a força de que necessitava para projetar-se no futuro. Imagine-se o susto de Piracicaba, de visão tão caipira, quando Luiz de Queiroz resolvera fundar uma Escola Agrícola. Adquirira a Fazenda São João da Montanha e, sem apoio de ninguém, tirando do íntimo a energia necessária, deu início às obras. Em 1892, Luiz de Queiroz, por não lhe ser possível levar de vencida a Escola Agrícola, doa a propriedade com todas as benfeitorias ao Estado. A 3 de junho de 1901 inaugurava-se a Escola Agrícola "Luiz de Queiroz".

Agora, 58 anos depois, na 52ª edição da Semana Agronômica Luiz de Queiroz, a homenageada em 2009 é a Sociedade Rural Brasileira, pelos seus 90 anos.

Histórica instalação do IBC

No dia 07 de janeiro de 1953, fora instalada a diretoria provisória do Instituto Brasileiro do Café, entidade que regulamentou a produção e a comercialização do café nacional. O sócio da Rural, Mário Penteado de Faria e Silva fora nomeado presidente da então recém-criada instituição. "Incumbe a direção provisória do IBC, preparar essa entidade para ser entregue aos legítimos representantes da lavoura cafeeira, conforme determina a lei, elaborada pela Sociedade Rural Brasileira, por incumbência da Mesa Redonda do Café (realizada em 1952), cujo delegado fora Luiz de Toledo Piza Sobrinho, que incluiu várias cláusulas e emendas à lei do IBC", dizia o texto.

Luis de Toledo Piza Sobrinho

Para o período de 1953/55, sob coordenação do presidente que saía, Mário Rolim Telles, tomou posse o Dr. Luis de Toledo Piza Sobrinho. A sessão das eleições fora presidida pelo Ministro da Fazenda, Horácio Lafer.

Desvalorização do Cruzeiro

O Cruzeiro, a moeda brasileira em 1953, sofreu uma desvalorização e a Sociedade Rural Brasileira que contava com especialistas em mercado financeiro, emitiu extensa nota a respeito: "Somos por princípio liberais e assim desejamos ser com relação à Economia e Finanças. Reconhecemos sua impossibilidade na hora presente, em pleno fastígio do intervencionismo estatal na vida dos povos. Não há setor em que a ação estatal não se manifeste onde antes imperavam as leis naturais , em cujo âmbito se encontra o câmbio. É o dirigismo socialista que nos leva aos extremos do comunismo e do totalitarismo", declarava em início seu voto o dr. Antonio de Queiroz Telles em discurso na Diretoria do Conselho Consultivo da Rural em 18 de junho de 1953. A questão cambial e a desvalorização da moeda foi tema de inúmeros artigos na Revista naquele ano.

Café Solúvel

A Revista trazia em suas páginas o seguinte artigo: "Alvissareira a notícia de que o café solúvel está sendo fabricado no Brasil. Impedida de funcionar em nossa pátria, na fabricação desse artigo, a firma suíça que o produzia em vários países da Europa e da América, entre os quais a República Argentina, conseguiu finalmente obter licença e o apresenta no comércio", dizia em editorial de setembro de 1953.

Café e sua história têm papel de destaque na estrutura da Rural

Sindicalização Rural

Um editorial da Revista criticava a sindicalização rural: "Em janeiro do corrente ano, fomos surpreendidos com a declaração de Crockett de Sá, Diretor do Departamento Nacional do Trabalho, que assim falou à imprensa: 'A sindicalização dos trabalhadores rurais começará imediatamente por São Paulo e visará neutralizar a influência comunista atraindo para controle do Governo todas as organizações representativas dos lavradores'". Esta declaração, segundo a Revista, provocou nos meios rurais grande agitação pelo sentido perturbador que ela representa na vida agrícola do país. "Quando se fala em sindicalismo tem se a idéia logo de socialismo", dizia o artigo crítico ao governo. O assunto é tema de debate por várias edições da Revista naquele ano.

Congresso Mundial do Café

Em janeiro de 1954, foi realizado em Curitiba (PR) o primeiro Congresso Mundial do Café, com presença de delegações dos países produtores e consumidores da bebida. O governador de São Paulo, Lucas Nogueira Garcez, foi um dos presentes, bem como toda a diretoria da Rural. "Recomenda-se aos países produtores, o equilíbrio entre produção e demanda", dizia a introdução dos resultados do evento.

1954

A Revista faz uma reflexão sobre o ano que termina em dezembro daquele ano para a Agricultura. "Ano iniciado com grandes esperanças em situação privilegiada no que toca o café. O café, que é a mola propulsora de nossa economia, encetou-se em 1954 com uma decidida elevação de preço para ao começar o segundo semestre entrar com um regime de estagnação de negócios como poucas vezes tem acontecido...

O café chegou a ser cotado a 96 cents no início do ano e a atingir 68 cents ao final, queda de 30% do seu valor. São Paulo carece, para sustentar sua posição cafeeira, de uma exportação anual não inferior a 10 milhões de sacas. Para tanto, é forçoso incrementar o número de árvores em 1,4 bilhão", dizia o editorial.

Reeleição na Rural

Em 17 de janeiro de 1955, fora reeleito presidente da Rural Luis de Toledo Piza Sobrinho para o período 1955/57. Seus vice-presidentes foram Antonio de Queiroz Telles, Renato Costa Lima (Secretário de Agricultura à época) e José Peres de Oliveira.

Borracha

Em artigo de maio de 1956, era destacado "O Problema da Borracha", agricultura que estava iniciando no Estado de São Paulo, mas o artigo falava de Brasil. "O déficit brasileiro de borracha é de 24 mil toneladas anuais, para cuja eliminação em 5 anos, o fomento da cultura da Hevea é previsto pelo Banco de Crédito da Amazônia. Desta maneira o déficit não será eliminado, mas irá até aumentar. A exigência da indústria brasileira cresce em grande escala, enquanto que as plantações novas de Hevea só podem entrar em produção sensível em 6 a 7 anos", dizia o artigo em seu início.

Renato da Costa Lima

Lançada a candidatura do ex-secretário de Agricultura, Renato da Costa Lima à presidência da Sociedade Rural Brasileira. "Em solenidade de 22 de junho de 1956, com objetivo de homenagear o sr. Costa Lima pelos seus serviços

Os agricultores ligados à Rural traziam as novidades em máquinas e equipamentos

prestados à lavoura paulista foi oficialmente lançada sua candidatura cuja eleição se realizará em janeiro de 1957". A eleição foi realizada no ano seguinte, no dia 16 de janeiro. A partir desse período a diretoria fica eleita por três anos e não mais dois. Logo, Costa Lima ficaria no cargo até 1960.

Irrigação

A Revista anunciava em março de 1957, o "Método de Infiltração de água no Solo" em que o professor Dr. J.H. Engelhardt anunciava a descoberta do novo método, através de um aparelho batizado de "umedecedor do solo". "O novo método (gotejamento) em comparação com a irrigação comum (aspersão) permite que as paredes de umidade em conseqüência da evaporação, diminuam consideravelmente", dizia o revolucionário método do professor holandês.

Industrialização do café solúvel

A Revista de agosto de 1957 publicava artigo que dizia: "Estudos visando à industrialização do café no Brasil". A pedido da Sociedade Rural Brasileira, um empresário da International Santandard Brands Incorporated, visitou a entidade para exibir ao presidente Renato da Costa Lima e diretoria um projeto de industrialização do café brasileiro. "Não poderia ser mais oportuna a instalação entre nós de grandes fábricas de café solúvel, numa época em que a industrialização se impõe no café e em toda agricultura", disse.

Boletim Nelore

Foi aberta uma sessão em A Rural em novembro de 1957 intitulada "Boletim Nelore", um espaço da Associação dos Criadores de Nelore do Brasil. O primeiro artigo foi "Como deve ser o Nelore Brasileiro", onde afirmava-se que "Não esquecendo nunca que o Nelore é no Brasil, o Bandeirante do sertão - o gado dos pastos duros e ruins.

Retenção do café

Em 26 de setembro de 1958, o presidente do Instituto Brasileiro do Café assinou o "Acordo Internacional do Café", onde 15 nações latino-americanas assinaram acordo de reter parte dos cafés para exportação com o propósito de regulação e equilíbrio dos preços internacionais. Fórmula esta que nunca resultou em avanços significativos em benefício da atividade cafeeira.

Soja

A Rural publicava em artigo de 1959 a respeito da produção da soja que ainda era incipiente no Brasil. "Pelos seus variados usos, a soja é mais importante de todas as leguminosas. Entretanto, só ultimamente foi identificado seu real valor, nos países de raça branca. Até agora esta planta só interessava para a extração do óleo que se podia retirar da semente e pelos seus subprodutos, o bagaço e a farinha. Contudo, o número extraordinário do seu uso é quase inacreditável", informava artigo extenso que até ensinava quais eram os cuidados de sua produção.

Mecanização

Em 1959, pioneiramente a SRB realiza um Simpósio sobre a Fabricação de tratores e implementos agrícolas e lança propostas para a mecanização:

- Educação dos produtores
- Redução dos impostos para importação de peças
- Simplificação nos pedidos de financiamento
- Elogio à atuação da Secretaria de Agricultura com medidas visando o aproveitamento de terras improdutivas com a construção de 308 casas da agricultura, reequipando o IAC e estações experimentais, estimulando o reflorestamento do estado e criação de reservas florestais, ampliando de 57 mi para 120 mil hectares.

Reeleição

Renato da Costa Lima é reeleito para o período de 1960/1963, como presidente do IBC. Ele se licencia e ocupa o cargo em exercício Alkindar Monteiro Junqueira.

Questão Agrária

Em janeiro de 1960, a SRB organiza a Semana da Reforma Agrária, junto com a Sociedade Paulista de Agronomia, no qual destacam que o tema "estava na moda", uma vez que quase 200 projetos de lei tramitavam no Congresso Nacional. Neste período, como presidente em exercício da SRB - Luis de Toledo Piza Sobrinho, Secretário de Agricultura do Estado de São Paulo, José Bonifácio Nogueira Coutinho e Laerte Ramos Moura como presidente da Sociedade Paulista de Agronomia.

Em julho do mesmo ano, também um Projeto de Revisão Agrária do Governo do Estado de São Paulo, cujo governador era Carvalho Pinto encaminha para apreciação da Sociedade Rural Brasileira uma proposta de revisão. O projeto previa:

- Revisão do imposto territorial para estimular a produtividade
- Isenção do imposto territorial aos pequenos proprietários
- Reorganização da Secretaria de Agricultura
- Facilidade de crédito bancário pelo Banco do Estado
- Medidas para a fixação do homem no campo com o acesso a escolas, saúde, transporte e financiamento para aquisição de pequenas propriedades agrícolas
- Promoção do aproveitamento das terras abandonadas do estado, estimulando a formação e manutenção de pequenos agricultores.

A proposta da Sociedade Rural Brasileira prosperou e era reproduzida na edição de julho de 1960 da revista da SRB, como segue: "Não se deve apenas pensar na redução das áreas inaproveitadas, como prevê o texto do projeto de lei do Governador, mas sim procurar alcançar o máximo de produtividade destas grandes áreas, aproveitando qualquer área sem distinção de pequena, média ou grande".

A SRB também oferece um substitutivo sobre a revisão do imposto, afirmando que ele não pode ser cobrado em virtude do tamanho das áreas, mas sim da produtividade. Segue também:

- Assistência técnica, sementes selecionadas, adubos e inseticidas a preços acessíveis
- Organização da comercialização
- Educação do trabalhador rural

Contesta-se a conceituação de pequeno produtor, aquele com até 50 hectares, ou seja, 20 alqueires paulistas. "Este conceito é falho, porque 10 ou 20 alqueires nas proximidades de São Paulo, como Campinas ou Ribeirão Preto, valem muito mais que 100 ou 200 alqueires nos campos de Itapetininga, Avanhandava ou Pedregulho", dizia a Revista.

Expugos do café

Nas páginas da revista desta década, a questão dos expurgos da safra cafeeira é preocupação constante e alvo de atuação da SRB, principalmente junto a Renato da Costa Lima, até então presidente do Instituto Brasileiro do Café. Entre as alternativas colocadas pela SRB à época estavam: transformação em composto potássico, adubo ou a rápida industrialização.

Parceria com a Secretaria de Agricultura

Vale registrar a parceria e proximidade dos trabalhos da Sociedade Rural Brasileira e da Secretaria de Agricultura e Abastecimento do Estado de São Paulo. Havia sempre uma ou duas páginas da revista dedicada aos trabalhos ou novidades da Secretaria, destaque em 1960, para os problemas da industrialização – criação de uma divisão de tecnologia do IAC.

Serviços de Análise

A SRB também tinha uma ação mais direta com o produtor, por exemplo, anúncio recorrente em suas páginas do Laboratório de Serviços de Solos – dirigido e desenvolvido pelo professor Dr. Phil P. Valeger. No anúncio, afirmava-se que a SRB proporcionava um serviço rápido e seguro.

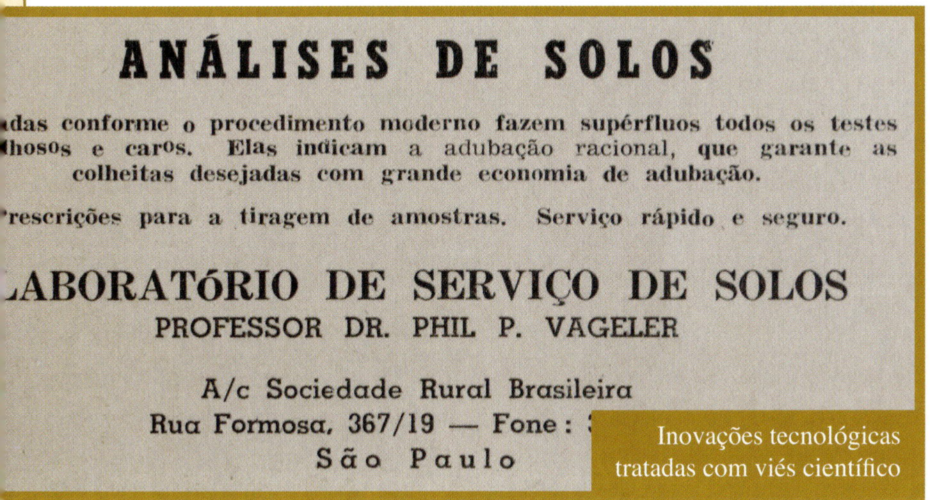

Inovações tecnológicas tratadas com viés científico

Café

A Sociedade Rural Brasileira defende o plano de renovação cafeeira daquele ano, que compreendia: financiamento especial para renovação do cafezal – proporção de 3 para 1 – arranca 3 e planta 1 – nasceu dentro da entidade.

A SRB realiza uma série de reuniões pelas regiões produtoras de café para saber o que os produtores acham do novo plano.

Citros

Editorial da Revista pede urgência na industrialização, problema de abastecimento e escoamento da fruta. "O produtor não tem como escoar – 3 milhões de caixas".

A Revista de 1961 destaca que São Paulo perdeu a liderança na produção do café e que o Paraná assumiu a dianteira. Mas destaca também que a produção de carne bovina, que cresceu vertiginosamente.

A edição de 1961 falava ainda sobre a apresentação do substitutivo ao presidente da Assembléia Abreu Sodré sobre o projeto de revisão agrária e a edição seguinte publica a íntegra do Decreto 38.328 de 14 de abril de 1961 que regulamentou a referida lei.

1961

Renato da Costa Lima reassume a presidência da SRB, com um editorial pela liberdade cambial. Em junho daquele ano, o presidente Janio Quadros institui a lei de preços mínimos para todos os produtos agrícolas. A SRB defendia isto já em 1945. O editorial fala das medidas para uma nova política do café, com elogios aos parâmetros de café para exportação, o novo financiamento da safra 1961/1962.

O Projeto de lei do Estatuto do Trabalhador Rural de autoria do deputado Fernando Ferrari é classificado pela SRB como uma cópia do estatuto para o operário urbano. A SRB apresenta um substitutivo, o qual publica na íntegra nas páginas da revista.

Inicia uma campanha pela transferência da sede do Instituto Brasileiro do Café para São Paulo, tendo em vista a construção de Brasilia e o IBC ainda permanecer no estado do Rio de Janeiro. A SRB trabalha pelo projeto de lei na Câmara dos Deputados sobre o assunto.

Instalação do Grupo Executivo de Racionalização da Cafeicultura

Objetivo de erradicar um bilhão de pés de café antieconômicos e substitui-los por outros tipos de cultura. A SRB havia começado esta campanha há dez anos.

Destaque também nas revistas de 1961

• Ministério da Agricultura anuncia um plano para financiamento a aquisição de gado

• Regularizada a industrialização e comercialização do trigo

Em agosto de 1962, um editorial sobre proletariado e política critica a medida do ministro do trabalho André Franco Montoro sobre a sindicalização do proletariado agrícola

Típica fazenda de café nos anos 1930

Sálvio Pacheco de Almeida Prado

Em 1963, é empossado Sálvio Pacheco de Almeida Prado. Descendente de família tradicional paulista originária de Itu, filho de João Pacheco de Almeida Prado e Maria da Conceição Cintra Pacheco, nasceu em Jaú. Foi trabalhar em Santos em 1933 dedicando-se à comercialização do café. Ingressou na vida pública pelo Departamento do Café da Faresp – Federação das Associações Rurais do Estado de São Paulo. Sálvio foi casado com Dona Sebastiana do Amaral Almeida Prado e teve uma filha, Maria Isaltina.

Com ele, inicia-se uma série das edições da revista da SRB - Reformas Agrárias de Caráter Subversivo. Seu editorial de fevereiro de 1963 critica de forma enfática o Plano Trienal de 1963 a 1965, organizado por Celso Furtado no governo João Goulart, principalmente o capítulo 12 do plano, que assegurava ao "trabalhador rural que tenha ocupado terras virgens, que tenha permanecido nela por um ciclo agrícola inteiro, o não pagamento de renda sobre esta terra". Permitia que toda a terra que não estivesse produtiva, principalmente a produção de alimentos ou utilizada para outros fins com rendimentos menores que a média, sejam destinada e desapropriada para pagamento a longo prazo. Finalizava o presidente Sálvio que isto "afeta o direito à propriedade".

Com a efervescência do momento político no país, em junho, o presidente prega a volta do bom senso, sobre a vitória da Rural sobre o estatuto do trabalhador rural e também ele alerta que a reforma agrária pode ser feita a qualquer momento, que é preciso serenidade sobre o assunto. Mesmo assim, ele comemora a derrubada da emenda constitucional que permitia a reforma agrária através da desapropriação e com pagamentos por títulos da dívida pública em até 20 anos.

Café

A SRB faz um manifesto contra a política cafeeira, pedindo a redução do confisco cambial a no máximo 12 dólares por saca e apóia a investigação – inquérito parlamentar para o IBC.

Silvicultura

A SRB cria um departamento para o tema e são intensas as reportagens sobre "reflorestar é um negócio".

A Revista anuncia importação direta de potássio pela SRB.

Em janeiro de 1964 – retratado como experiência do mês – o pecuarista Jacinto Ferreira de Sá conta o processo que empregou para engordar bois em menos tempo, ganhando mais - Fazenda Furnas em Ourinhos. Todos os detalhes do processo são discutidos na publicação.

Concentração Nacional de Ruralista na SRB nos dias 13 e 14 de abril para definir medidas. Discurso do presidente Sálvio no evento – combate à inflação e reconstrução do Brasil, foi aprovada por unanimidade a Carta de Princípios:

- Integração da Agricultura
- Paridade de tratamento
- Política econômica da Agricultura
- Paridade salarial
- Legislação trabalhista Rural
- Assistência Social e cultura
- Previdência social
- Política nacional
- Preços mínimos
- Crédito agrícola
- Fertilizantes e corretivos com financiamento integral
- Mecanização
- Defesa sanitária animal e vegetal
- Plano nacional da carne – com política de estoques pelo governo federal devido à seca anormal de 1963 e início de 64

Em 1963, a SRB já encabeça uma ação pela implantação da indústria pesada de adubos no Brasil.

Código Florestal é sancionado em 1965.

Reeleição

Sálvio de Almeida Prado para o período de 1966/1969.

Cooperativa

Instituída a cooperativa agrícola mista dos associados de compra e venda em comum – Cooperativa Agrícola dos Associados da Sociedade Rural Brasileira – Cooperbras, com o propósito de armazenar, beneficiar, padronizar e industrializar sua produção, com meios de vendê-la aos mercados consumidores locais, nacionais e estrangeiros. Com área de abrangência no estado de São Paulo e zonas economicamente similares na área tributária dos estados limítrofes.

Em julho de 1966, um editorial da revista já destacava a Febre Aftosa – a doença que elimina o Brasil dos mercados da Europa e Estados Unidos

Em agosto, o destaque é o início do imposto de circulação que substitui o imposto de vendas e consignações

No início de 1967 começa a campanha de expansão ruralista – para ganhar mais associados, com o apoio do então governador Laudo Natel.

Em março deste ano, a SRB encabeça movimento junto ao governador Abreu Sodré pela isenção do ICM para produtos agrícolas.

Roberto Rezende Junqueira

É eleito para o período de 1969/1972, Roberto Rezende Junqueira. Sua gestão foi marcada pelo período do governo Garrastazu Médici – o chamado Milagre Brasileiro, com crescimento econômico recorde, inflação baixa e projetos desenvolvimentistas e grandes incentivos fiscais à indústria e à agricultura.

A SRB trabalha no apoio ao Plano de Intergração Social (PIS) e o Programa de Assistência Rural (PRORURAL), ligado ao FUNRURAL, que previa benefícios de aposentadoria e o aumento dos serviços de saúde até então concedidos aos trabalhadores rurais.

Durante este governo, surge com mais força a política de desenvolvimento e do modelo de crescimento agrícola-exportador, formulação associada ao então Ministro da Fazenda Delfim Netto. O aspecto chave da estratégia era: “Centrar-se, a curto e médio prazo, no aumento e exportação simultânea da produção agrícola".

Para incentivar a agricultura, algumas medidas foram adotadas e deram grande propulsão ao setor. Elas duram todo o governo Médici até 1974. São elas:

• Isenção de IPI e de ICM sobre tratores e demais máquinas agrícolas;
• Isenção de ICM sobre os insumos utilizados na produção de adubos e fertilizantes;
• Incentivo fiscal à compra de tratores e máquinas agrícolas, fertilizantes, defensivos, etc. (tratados como investimentos, permitindo abater até 80% do rendimento líquido sujeito ao IR);
• Redução do IR devido pela agricultura (limitando o rendimento tributável a 10% em 1970 e 25% em 1971 do rendimento líquido após a dedução dos investimentos realizados); isenção de IPI sobre matérias-primas, produtos intermediários e material de embalagem utilizados pela indústria de máquinas e implementos agrícolas;
• Isenção de ICM sobre motores e engrenagens utilizados na fabricação de tratores.

A isso tudo, some-se a farta disponibilidade de crédito, a juros favorecidos. O volume de financiamento de tratores, em termos reais, realizado pelo Banco do Brasil a uma taxa de juros fixa em 15% a. a., após sofrer uma retração em 1969, cresce 16,5% em 1970 e, em seguida, praticamente triplica até 1973.

Mas não foram só flores neste período. A SRB vive de perto a crise de abastecimento da carne bovina e se posiciona contra o governo. A regra então vigente estabelecia que os pecuaristas deveriam cumprir a relação de uma tonelada de carne estocada para uma tonelada exportada (com exceção do Rio Grande do Sul, favorecido pela relação um para três). Durante o segundo semestre de 1972, teve início forte alta dos preços internacionais. Para evitar o ajuste de preços domésticos, o governo introduziu o tabelamento, abandonando-o no início de janeiro de 1973, o que ensejou imediata disparada de preços.

Reação do Conselho Monetário Nacional (CMN): fixação de uma quota de exportação, tendo uma redução de 40% sobre o volume exportado em 1972 e imposição de uma quota de contribuição de 200 dólares por tonelada exportada. O problema não foi resolvido, prosseguindo por todo o ano de 1973: frigoríficos punidos (com corte de crédito e até corte de exportação) por descumprimento do tabelamento.

Outros produtos também sofreram como a soja, milho, arroz, algodão e feijão.

Além disto, a SRB destacava que de 1969 a 1971, a desvalorização cambial anual ficava em 13%, declinando em 1972 para 10,3%.

Sálvio Pacheco de Almeida Prado

Volta como presidente, Sálvio de Almeida Prado para o período 1972 a 1978, com direito à reeleição.

Nesta época, ao final do Governo Médici, a SRB vive o outro lado da política econômica, até então favorecida por medidas, mas que depois começa a sofrer os percalços já enumerados anteriormente. Entre 1972 e 1973, a política econômica, mesmo colhendo os ambicionados frutos do crescimento acelerado, começa a enfrentar obstáculos contínuos à sua execução, até mesmo com os primeiros sinais de fissuras em sua base de apoio (exemplificado pela saída do então ministro da Agricultura, Luiz Fernando Cirne Lima).

A SRB enfrenta estes momentos de crise, mas também apóia medidas do Governo como a criação da Embrapa (Empresa Brasileira de Pesquisa Agropecuária) pelo ministro Cirne Lima em abril de 1973 e depois implementada e completada com o Ministro da Agricultura do Governo Ernesto Geisel, Allyson Paulinelli, que também reformula a extensão rural no país com o Sistema Emater (Empresa de Assistência Técnica e Extensão Rural)

Assim como em 1976 – o Governo Ernesto Geisel cria o Pró-Álcool – Programa Nacional do Álcool, impulsionado pela crise do petróleo em 1973 e a politica de busca de formas alternativas de energia.

A SRB participa no período ativamente das discussões mais urgentes do setor agrícola como: endividamento excessivo e a incapacidade de responder simultaneamente às necessidades dos mercados interno e externo.

Renato Ticoulat Filho

É eleito presidente e reeleito, permanecendo à frente da entidade de 1978 a 1984. Iniciou na atividade agrícola em 1953 e se formou no assunto dentro da Sociedade Rural Brasileira. Empresário, ele é conselheiro vitalício da Associação Comercial de São Paulo, a exemplo de outros membros da SRB. Aliás, característica comum entre os associados, a participação em entidades e Conselhos ligados a outras atividades econômicas, uma mostra da sua interação com outros setores.

Ticoulat mostra na história política e econômica do país que a transferência de renda do campo para as cidades está intrinsecamente ligada ao desenvolvimento brasileiro. “Ela tem ocorrido sistematicamente neste país”, em suas palavras. Ticoulat enumera que até 1960, a receita cambial do país era o café, depois se inicia um processo de diversificação que caminha até o presente momento, no qual alcançamos uma pauta exportadora agrícola das mais diversificadas e uma abrangência que assombra o mercado internacional. “Também por isto, crescem nossas dificuldades e nossas barreiras comerciais”.

A industrialização iniciada no período Getúlio Vargas, ainda com dois terços da população vivendo no campo

A Revista “A Rural” abordava assuntos inéditos como Produtividade nos anos 1960

naquele período, provoca um êxito rápido de pessoas, quando passamos a ser um país urbano. "Com a mesma rapidez da migração campo/cidade, também temos a migração da riqueza criada lá para os cofres do Governo seja para investir nas políticas sociais, feitas por Getúlio Vargas, como para a industrialização maciça de Juscelino Kubitschek", afirma Ticoulat.

Ele lembra que durante a sua gestão, a regulamentação do setor pelo Governo da época e de todos os anteriores, cumulativamente, sempre foi imensa, "tão grande que éramos proibidos de exportar milho e uma série de outros produtos".

O papel da agricultura na economia brasileira por algumas vezes foi claramente entendido pelos governos. Ele cita dois momentos singulares, durante o breve governo Café Filho: agosto de 1954 – suicídio de Getúlio Vargas e novembro de 1955 – eleição de Juscelino Kubitschek. Naquele momento, o então ministro da Fazenda, Eugenio Gudin, tinha plena consciência do papel agrícola e as medidas liberais comandadas por ele foram um marco.

Num outro momento, durante o período de abertura do país tanto política quanto econômica, o governo João Batista de Oliveira Figueiredo (1979 a 1985) fez interlocução com o presidente e depois com o seu ministro da agricultura, Antonio Delfim Netto, o que permitiu que as idéias e reivindicações fossem consideradas e ouvidas, na opinião de Ticoulat. O programa de incentivo à agricultura, que tinha como slogan "Plante que o João garante", visava modernizar a agricultura brasileira com crédito farto e barato e possibilitar que o Brasil se tornasse exportador de produtos agrícolas de forma intensa.

"Apesar das insistentes políticas agrícolas de governo, a transferência de renda para o campo tem sido uma constante e um dos papéis da Sociedade Rural Brasileira é evitar esta transferência. Por isto, não aceito afirmações de que a agricultura brasileira possui um passivo com a sociedade, na verdade, é o contrário", finaliza Ticoulat.

Flávio Teles de Menezes

Foi eleito presidente entre 1984 e 1987, com a reeleição para o período de 1987 a 1990. Formado bacharel em Ciências Jurídicas pela Faculdade de Direito da Universidade de São Paulo, ele é empresário rural nos Estados de São Paulo, Mato Grosso, Mato Grosso do Sul e Goiás. Junto com Renato Ticoulat, publicou o livro "Agronegócios num contexto de contradição: Protecionismo nos países ricos, opressão nos pobres" em julho de 1988.

Sua participação na Rural iniciou-se na gestão de Sálvio de Almeida Prado. Ele ainda é conselheiro da entidade e também atua em diversas entidades ligadas às atividades econômicas do país como a Associação Comercial de São Paulo e a Federação das Indústrias do Estado de São Paulo (Fiesp).

Em suas palavras, para a Sociedade Rural Brasileira, aquele era o momento da transição agrícola, assim como na política e economia do país, com o fim do regime militar e a chegada da democratização. "Iniciada já durante a gestão de Renato Ticoulat, o nosso período foi a concretização desta transição. Período de transformações intensas no país e no mundo, pois nestes mesmo seis anos, tivemos a queda do regime soviético e do Muro de Berlim", afirma Flávio Menezes.

Naquele momento, a Rural participa dos desafios colocados como a passagem do total controle da economia para a abertura dos mercados, o debate entre produtos de mercado interno e exportação. "A definição era simplista: milho para consumo local e café para o mundo. A SRB tinha que dar racionalidade a estes artificialismos".

Uma proposta conjunta de entidades do agronegócio: SRB, Confederação Nacional da Agricultura (CNA) e Organização das Cooperativas Brasileiras (OCB) ao governo, já com o Ministro Mailson da Nóbrega, propunha mercado livre para exportar e importar uma série de produtos, sem estoques reguladores intrusivos. Também no mesmo período, a SRB teve que responder a política irresponsável de desabastecimento no decorrer do Plano Cruzado com o confisco do boi e a conseqüente volta da inflação depois deste período. "A agricultura sempre esteve no epicentro dos problemas das políticas econômicas, porque os planos sempre foram baseados na transferência de renda do nosso setor para a sociedade. Tanto o confisco do café entre as décadas de 30 e 60, quanto os custos de logística e desvalorização cambial, são todas formas de transferir renda". Ele ainda lembra que recentemente com o fim da CPMF (Contribuição Provisória de Movimentações Financeiras), o governo criou a cobrança de IOF em cima dos títulos de créditos utilizados na agricultura, nas promissórias rurais de descontos. "Presente nas crises, nunca conseguimos esclarecer a população o suficiente sobre o nosso papel", analisa. E acrescenta, "a transferência de renda foi e em certa medida ainda é do setor agrícola para os demais setores da economia."

Nesta época também houve a extinção do IBC (Instituto Brasileiro do Café) e o IAA (Instituto do Açúcar e do Álcool). Algumas mudanças fundamentais para a evolução da agropecuária brasileira no mercado internacional e o surgimento do termo Agribusiness, relacionando toda a cadeia produtiva.

A SRB também participa ativamente da Assembléia Nacional Constituinte de 1988, formando a Frente Parlamentar da Agropecuária com mais de cem parlamentares, com atuação no capítulo de política agrícola. A Rural defendeu que a função social precípua da terra é de produzir para abastecer a sociedade, donde a vitória da tese da proteção constitucional à propriedade produtiva (artigo 185, inciso II da Constituição de 1988). "Foi a defesa da agricultura e de seus marcos regulatórios e não da propriedade somente. A SRB não discutiu a função social da terra, mas sim protegeu a sua função econômica, promoveu a discussão da propriedade produtiva".

Para Flávio Menezes, a diferença da SRB é que ela não é um sindicato, não representa agricultores, mas sim a agricultura. Pensa nesta atividade econômica humana indispensável a qualquer sociedade. Para o Brasil ainda tem uma importância maior pela magnitude e vocação do país.

Pedro de Camargo Neto

Ocupou a presidência da SRB de 1990 a 1993. Hoje é presidente da Associação Brasileira da Indústria Produtora e Exportadora de Carne Suína (Abipecs). Foi secretário de Produção e Comercialização do Ministério da Agricultura (2001-2002). Ele é doutor em Engenharia de Produção pela Escola Politécnica da Universidade de São Paulo e MSc. pelo MIT – Massachusetts Institute of Technology.

Segundo sua própria definição, este período da SRB foi marcado pela confusão do plano econômico heterodoxo, que distorceu o crédito rural oficial alterando os ativos e passivos do agricultor. Também foi favorável à abertura econômica com o fim dos controles autárquicos do comércio exterior e a relativa calmaria na questão agrária. "Assumi a Presidência em março de 1990, logo após a promulgação da nova Constituição, que havia marcado a gestão do meu antecessor Flavio Menezes. Este novo período da Rural é o do desafio da abertura econômica com o processo de internacionalização, em particular da agricultura", completa afirmando que o momento fez a atuação.

Foram iniciados os primeiros processos de direitos compensatórios contra a concorrência desleal, causada pelas importações com preços distorcidos por subsídios, como as ações para o trigo, leite em pó, carne, arroz e algodão. Emblemático foi o caso do leite em pó, quando pela primeira vez o Brasil aplicou direitos compensatórios para um produto agrícola.

Esta internacionalização da SRB chega aos debates no MERCOSUL e na participação ativa nas negociações da Rodada Uruguai do antigo GATT (sigla em inglês para Acordo Geral de Tarifas e Comércio), que resultou no Acordo sobre Agricultura e no Acordo Sanitário da nova OMC (Organização Mundial de Comércio).

Pelas suas palavras: "A internacionalização dos temas na Sociedade Rural Brasileira foi fruto do momento econômico que passávamos. Já a criação do FUNDEPEC (Fundo de Desenvolvimento da Pecuária) em São Paulo, foi a primeira ação direta do setor privado na questão sanitária animal, grande responsável pelo avanço na questão da erradicação da febre aftosa", afirma. Pecuarista, Pedro de Camargo dirigiu também a entidade entre 1991 e 2000, período em que o controle de febre aftosa no Brasil mostrou grande progresso.

Ele também foi o idealizador dos contenciosos na OMC contra os subsídios norte-americanos ao algodão e europeus ao açúcar, no período em que chefiou a Secretaria de Produção e Comercialização do Ministério da Agricultura.

"Para o futuro, a Sociedade Rural Brasileira deve continuar a antecipar os fatos e pensar na agricultura com a flexibilidade e independência de uma associação de adesão voluntária".

Biblioteca da Rural com acervo de qualidade inigualável

Roberto Rodrigues

Ocupou a presidência da Sociedade Rural Brasileira entre 1994 e 1996. Produtor de cana no estado de São Paulo, ele ganhou visibilidade à frente do movimento cooperativista, chegando à presidência da Organização das Cooperativas Brasileiras (OCB) em meados dos anos 1980. Em 1986, Junto com Alysson Paulinelli na CNA e de Flávio Menezes, então presidente da SRB, tiveram papel de destaque na Frente Ampla da Agropecuária Brasileira. A presença de Roberto Rodrigues e as reivindicações destas organizações pesaram, por exemplo, na formatação da lei número 8.171, de 17 de janeiro de 1991, que dispunha sobre a política agrícola.

À frente da SRB consolidou o papel da entidade na difusão de tecnologias ao produtor. O processo fora iniciado ainda entre 1993 e 1994, no governo paulista de Luiz Antônio Fleury Filho, quando Roberto Rodrigues foi secretário de Agricultura e Abastecimento. Uma das ações empreendidas por ele à frente da Secretaria foi a realização da Agrishow, em Ribeirão Preto, a maior feira agrícola, de tecnologia e negócios do país e uma das principais no mundo, que teve a sua primeira edição em 1994, na cidade de Ribeirão Preto.

Roberto Rodrigues insere a SRB no novo momento do agronegócio brasileiro: um trabalho de ações conjuntas com outras entidades e com a completa inserção e discussão das idéias de cadeia produtiva. Em 1996, no primeiro governo de Fernando Henrique Cardoso, foi criado no segundo semestre daquele ano, um Fórum Nacional da Agricultura, reunindo representantes do setor privado, do Executivo e do Legislativo. "A SRB sempre participou nestes fóruns com a maior independência, jamais se curvando a governos ou pressões externas", afirma Roberto Rodrigues, que foi o coordenador do Fórum pelo setor privado.

O período da política de estabilidade e da continuidade do Plano Real, com o controle da inflação e queda dos preços dos produtos agrícolas marcam este período e a SRB não se furtou a criticar esta política. A agricultura foi reconhecida inúmeras vezes como a Âncora Verde do Real. "Mais uma vez, houve a trasnferência de renda do campo para a cidade".

A Rural também apóia por meio de artigos neste período a campanha "Agricultura Real - Um Prêmio à Produtividade e Qualidade", organizada pela Embrapa, os órgãos estaduais de pesquisa e extensão rural, que também dava destaque ao Programa Nacional de Fortalecimento da Agricultura Familiar (Pronaf) e à promoção do cooperativismo e do associativismo.

"A Rural permanecerá nos grandes embates da agricultura e da vida do política e econômica do país".

Luiz Marcos Suplicy Hafers

No período de 1997 a 2002, Luiz Suplicy Hafers presidiu a Sociedade Rural Brasileira por dois mandatos. Filho de uma família tradicional na cultura do café desde 1840, ele atuou como trader de café por 20 anos (entre 1950 e 1970), Luiz Hafers é um dos primeiros formadores de opinião no setor agrícola, defensor das causas dos produtores rurais. Além de conselheiro da SRB, ocupa a presidência da Associação de Cafeicultores do Paraná.

Nas palavras de Hafers, os 90 anos da Sociedade Rural Brasileira marcam a atuação de um grupo de agricultores, com convicção sobre a agricultura do Brasil, abrindo mão da conveniência. "O papel nas discussões nacionais da agricultura e não somente da classe de produtores mostra que a SRB pensa o Brasil".

Mais que falar do passado, Hafers quer discutir o futuro da Sociedade Rural Brasileira, mas não sem antes refletir sobre os posicionamentos da entidade entre 1997 a 2002.

Aquele foi um período de transformações, contestações e embates, aos quais a Rural não se furtou. A questão agrária, por exemplo, se recrudeceu com o crescimento dos movimentos sociais de reivindicação da terra, aumento das ocupações por estes, assim como também houve uma ampliação no número de assentamentos durante o Governo Fernando Henrique Cardoso.

"Naquele momento, a Rural se coloca para a discussão, do reconhecimento do problema à procura por soluções e estudo de um novo modelo de inserção deste contingente de pessoas, não somente agricultores", afirma Hafers, enfatizando que a exposição da SRB seja por meio dos veículos de comunicação como no debate direto com as diversas lideranças, se mostra importante para a procura da solução.

No período também houve conquistas importantes para o setor e do qual a SRB participa ativamente. Endividamento do setor - o presidente Fernando Henrique sanciona dia 26 de abril o projeto de conversão à Medida Provisória nº 09, que tratou da renegociação das dívidas dos produtores rurais, através da Lei 10.437/02. Outras medidas de modernização, como a criação do Moderfrota, com os financiamentos do BNDES para atualizar várias áreas da agricultura brasileira, contaram com o apoio da Rural.

"Para o futuro, a SRB deve ser novamente balizadora desta transição, em que agricultura deixa de ser baseada somente na propriedade para a conversão em uma agricultura gerencial, com base no conhecimento, informação e gestão. Mais que celebrar o passado, devemos antever o futuro da agricultura dentro da SRB".

João de Almeida Sampaio Filho

Eleito e depois reeleito, ocupando a presidência de 2003 a 2008. Produtor rural e pecuarista nos estados de Mato Grosso e Paraná, ele atuou antes da SRB, nas entidades ligadas ao setor de borracha natural, atividade agrícola a que também se dedica, na Associação Comercial de São Paulo e Abag (Associação Brasileira de Agribusiness), nas quais continua participando. Antes do término de sua gestão, se licenciou para ocupar a Secretaria de Agricultura e Abastecimento do Estado de São Paulo, nomeado pelo governador José Serra.

Seu período na Rural foi marcado, segundo seu depoimento, por um contraponto interessante. "Início do governo Lula, cujo partido de apoio, historicamente, se posicionava contra as ideias da SRB, que pregava um modelo diferente. Em contrapartida, havia um ministro da agricultura (Roberto Rodrigues – ex-presidente da Sociedade Rural), afinado com as idéias do agronegócio".

Os pontos favoráveis do período foram estruturação financeira e administrativa da entidade e união e interação entre as representações do agronegócio. "A SRB, como grande integradora, provocando o diálogo entre as entidades".

Neste período, segundo depoimento do Conselheiro da Rural, Jovelino Mineiro, o agronegócio estava isolado, sem representatividade efetiva, e numa reunião do Conselho Superior da Rural, João Sampaio sugeriu a criação de uma entidade que representasse toda a classe. Surgiu então, formado por entidades representativas dos produtores (a própria Rural, a Confederação Nacional da Agricultura, Associação Brasileira de Criadores de Zebu, Organização das Cooperativas Brasileiras, Associação Brasileira de Criadores, Conselho Nacional do Café, União Brasileira da Avicultura e Associação Brasileira dos Produtores de Algodão), o Conselho Superior de Agricultura e Pecuária do Brasil – o Rural Brasil,

Fotos: João Luiz

o qual foi presidido pelo Antonio Ernesto de Salvo (CNA), enquanto estava vivo, depois acabou. "O Rural Brasil foi uma voz unida no setor agropecuário brasileiro. Precisamos do Rural Brasil novamente", sugere Jovelino Mineiro Filho.

Durante sua gestão, Sampaio também provocou a integração com o setor industrial e surgiu a idéia dentro da Federação das Indústrias do Estado de São Paulo (FIESP), sob a presidência de Horácio Lafer Piva, do Departamento de Agronegócio (Deagro), o qual acabou sendo instalado na gestão Paulo Skaf.

Também houve uma aproximação com a Única (União da Agroindústria da Cana-de-Açúcar) para a consolidação da imagem do setor e uma parceria com a então BM&F – Bolsa de Mercadorias e Futuros em defesa de novas ferramentas de financiamento e seguro de renda ao produtor, assim como apoio à expansão das indústrias do setor. No âmbito da FARM, Sampaio foi presidente e intensificou os trabalhos. "A participação da entidade nas discussões de comércio aduaneiro e na desburocratização aconteceram no período João Sampaio", afirma Jovelino Mineiro.

Na questão agrária, foi reiterada e massificada a idéia de que o modelo proposto estava completamente defasado e ultrapassado. Outro tema de discussão constante foi o sistema de rastreabilidade bovina – Sisbov. A SRB foi a primeira entidade a se posicionar contra a sua obrigatoriedade, contra o modelo a ser implantado, imputando todo o ônus aos produtores. "Lutamos sempre pela rastreabilidade e certificação como modelos voluntários e universais".

Auditório da Rural, palco de encontros históricos de líderes brasileiros

Irrigar

Diante do ato político - posicionamento

Diante do fato político - independência

Diante da História - 90 anos em defesa da agropecuária brasileira

Irrigar

No ano de inauguração da Rural, em 1919, houve o acirrado pleito presidencial entre o então senador Ruy Barbosa e o ex-ministro do Supremo Tribunal Epitácio Pessoa, candidato dos cafeicultores.

Dois anos depois, a diretoria da Rural da época conseguiu trazer para São Paulo o presidente da República Epitácio Pessoa. "Merecedor da gratidão de um povo todo, pela sua oportuna, enérgica e eficaz intervenção no mercado de café", dizia os Anais da Rural em 1921.

Em resposta a uma ajuda de valorização da economia cafeeira que Pessoa fez nos primeiros anos de seu mandato, os cafeicultores paulistas, por ocasião de sua visita ao Estado, decidiram fazer uma coleta de contribuições entre os pares. A resposta foi imediata de grande respaldo que os valores ultrapassaram as somas para realização do evento que os sócios da Sociedade Rural Brasileira resolveram guardar as doações em um fundo e criaram o "Prêmio Presidente Epitácio Pessoa" de incentivo à educação em três escolas: Álvares Penteado (capital), José Bonifácio (Santos) e Luiz de Queiroz de Piracicaba.

"A ideia foi acolhida com espontaneidade e um entusiasmo que bem testemunham o acerto da iniciativa da Sociedade Rural. Em poucos dias, as listas de subscrição cobriram-se de assinaturas, em tal abundância... que resolveu-se criar um fundo permanente, cujas rendas fossem empregadas na constituição de prêmios aos alunos que mais se distinguissem durante o ano letivo nas escolas de Comércio", informou os Anais da Rural.

A 19 de agosto (1921), às 11h15 da manhã, entrou na estação da Luz, artisticamente decorada pela São Paulo Railway Co., o comboio especial em que vinha o Presidente da República, recebido na plataforma por S.Ex., o Dr. Washington Luis, presidente do Estado, sendo-lhe nesta ocasião apresentada a Comissão da Sociedade Rural.

Durante a sua permanência na capital paulista, o Dr. Epitácio Pessoa e sua família foram hospedados no palacete do Conde de Prates, Presidente Honorário da Sociedade Rural.

Recepção ao Presidente Epitácio Pessoa nos anos 1920

Fernando Costa

Importante incentivador das políticas agrárias do Estado de São Paulo, Fernando Costa anunciou nas páginas da Revista da Rural suas realizações em 1929. Dentre as quais a construção do Instituto Biológico, então chamado de Escola de Medicina Veterinária, que mais tarde se mudou para a Universidade de São Paulo.

Inauguração do Parque da Água Branca

Em 1929, foi inaugurado em São Paulo seu primeiro recinto de exposições de animais, o Parque Fernando Costa, que leva o nome do ex-Secretário da Agricultura do Estado que colaborava com a Rural. "Ainda perdura em meu espírito a grata impressão causada pela visita que tive a honra de fazer, em companhia do sr. Dr. Fernando Costa, muito digno secretário da Agricultura do Estado de São Paulo, ao recinto das exposições, em construção na Avenida Água Branca há poucos dias", comentava o fundador da Rural, Eduardo da Fonseca Cotching.

Pós Revolução de 32

Em 1932, São Paulo queria modernizar e exigia uma nova constituição para o Brasil e seus praças se rebelaram contra a União na Revolução Constitucionalista de 1932. Período conturbado para a agricultura. "Terminadas as lutas armadas, cabe aos que retornam para os campos a mais nobre das finalidades: tudo fazer para que não haja solução de continuidade na vida das cidades e para que não venham as populações urbanas a sofrer carência de cereais e outros gêneros de alimentação", dizia abertura de um editoria de outubro de 1932. A Revista que era mensal, ficou quatro meses sem circular devido aos efeitos da guerra revolucionária.

Nomeado secretário de Agricultura do estado de São Paulo, Luiz de Toledo Piza Sobrinho em abril de 1935, permanecendo no cargo até novembro de 1936. Luiz Piza Sobrinho era advogado, agricultor e jornalista (foi editor da revista da Rural por anos), começou na carreira política como vereador, presidente da câmara e prefeito de Pirajuí. Em 1919 foi eleito deputado estadual e reeleito até 1930. Foi exilado em 1932. Em 1935, eleito deputado federal, renunciou para ocupar o cargo de Secretário de Agricultura no governo Armando Salles de Oliveira. Foi presidente da SRB em 1953 ficando até 1956.

Quatro meses depois e com dois secretários de agricultura nomeados e destituídos, o Presidente da Rural à época se torna o novo Secretário de Agricultura em dezembro de 1937. Desta vez foi Bento de Abreu Sampaio Vidal.

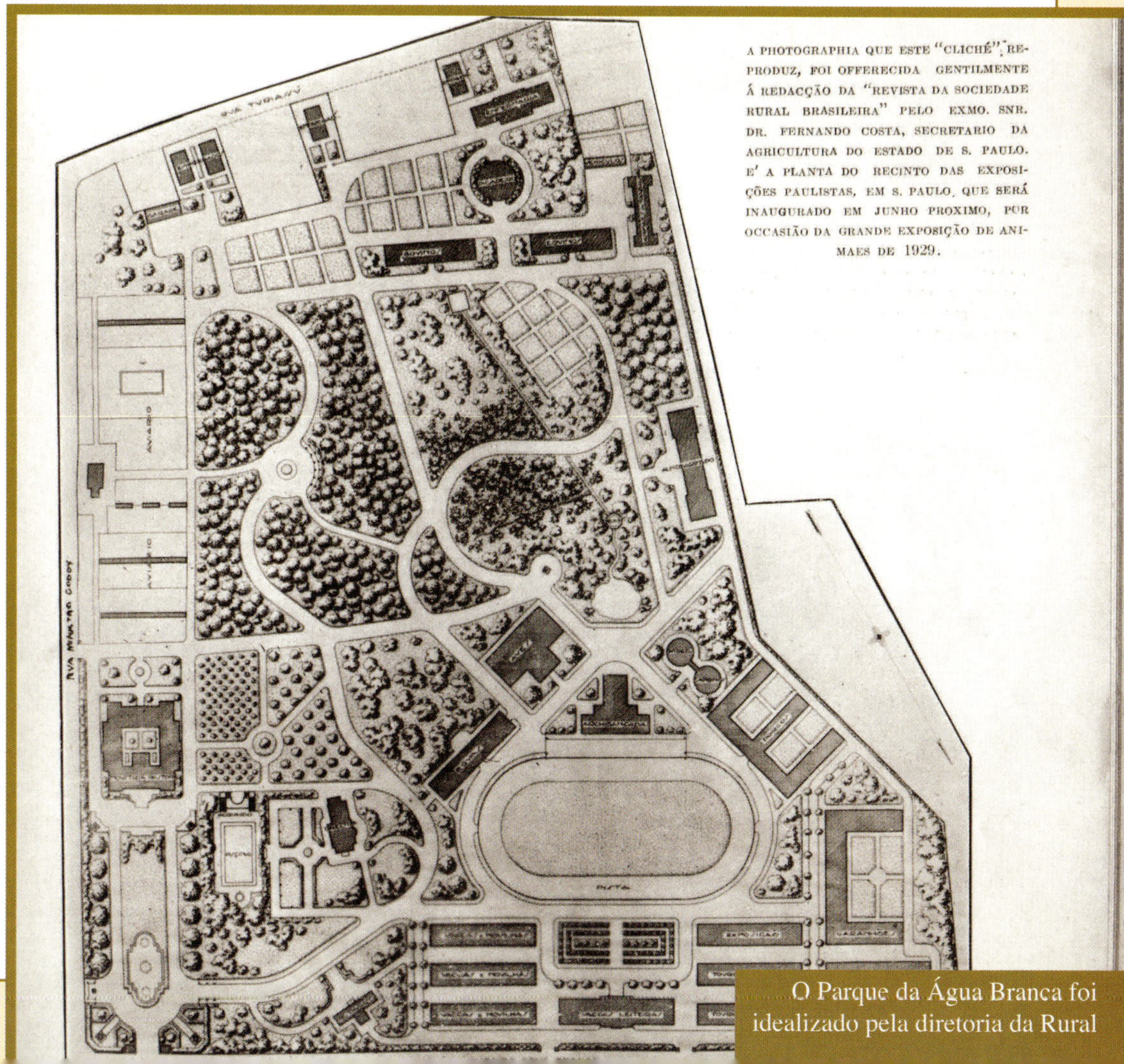

O Parque da Água Branca foi idealizado pela diretoria da Rural

Gabriel Ribeiro dos Santos

A agricultura paulista que sempre contou na pessoa do Dr. Gabriel Ribeiro dos Santos um incansável defensor, um dos elementos de maior destaque e valor pessoal. Figura de projeção na sociedade paulistana, o Dr. Gabriel foi distinguido com a Grã Cruz e a comenda da Ordem do Mérito pelo Governo da Áustria, tendo o Rei Alberto lhe conferido a condecoração especial agrícola de primeira classe, pelos serviços que prestou à agricultura.

Instituiu o Código de Política Sanitária Animal, transformando-se assim em lei, a iniciativa grandiosa para o desenvolvimento e a expansão da indústria pastoril paulista que devemos ao ilustre extinto.

Disse o ex-presidente Dr. Luiz Vicente Figueira de Mello sobre Dr. Gabriel Ribeiro dos Santos, quando fora escolhido Secretário de Agricultura do Estado de São Paulo: "Os vossos trabalhos concernentes à defesa do café, entre os quais devo destacar a brilhante exposição.As três sociedade agrícolas de São Paulo, vos consagram de fato e de direito como um dos mais sólidos amparos da nossa grande lavoura, esteio principal e base da prosperidade do Estado de São Paulo", narrou.

Getúlio Vargas visita a Rural

No dia 25 de novembro de 1941, a Sociedade Rural Brasileira recebeu a visita do presidente da República Getúlio Vargas que disse, após longos discursos dos anfitriões: "Confesso-vos a minha surpresa e o meu acanhamento ao penetrar neste recinto porque não esperava realmente encontrar reunião tão seleta da lavoura paulista, prestigiosa associação rural de São Paulo, que tantos e tão valiosos serviços tem prestado à sua classe e, por isso mesmo, tanto se tem recomendado.

Esfinge de Getúlio Vargas

Em setembro de 1942 foi inaugurada a esfinge do então presidente da República Getúlio Vargas. "Inaugurando hoje (02/09/1942) em nossa sede a esfinge em bronze do preclaro Chefe da Nação Brasileira, excelentíssimo senhor Presidente Dr. Getúlio Vargas. Obedecemos não somente ao dever de comemorar de uma maneira condigna a honrosissíma (sic) visita que em 25 de novembro de 1941 fez S.Excia. a esta entidade representativa da grande classe que é a lavoura e atividades rurais em geral, como também ao desejo de prestar uma homenagem ao supremo condutor dos destinos da Nação Brasileira", dizia em sua introdução, o presidente da Rural, Luiz Vicente Figueira de Mello.

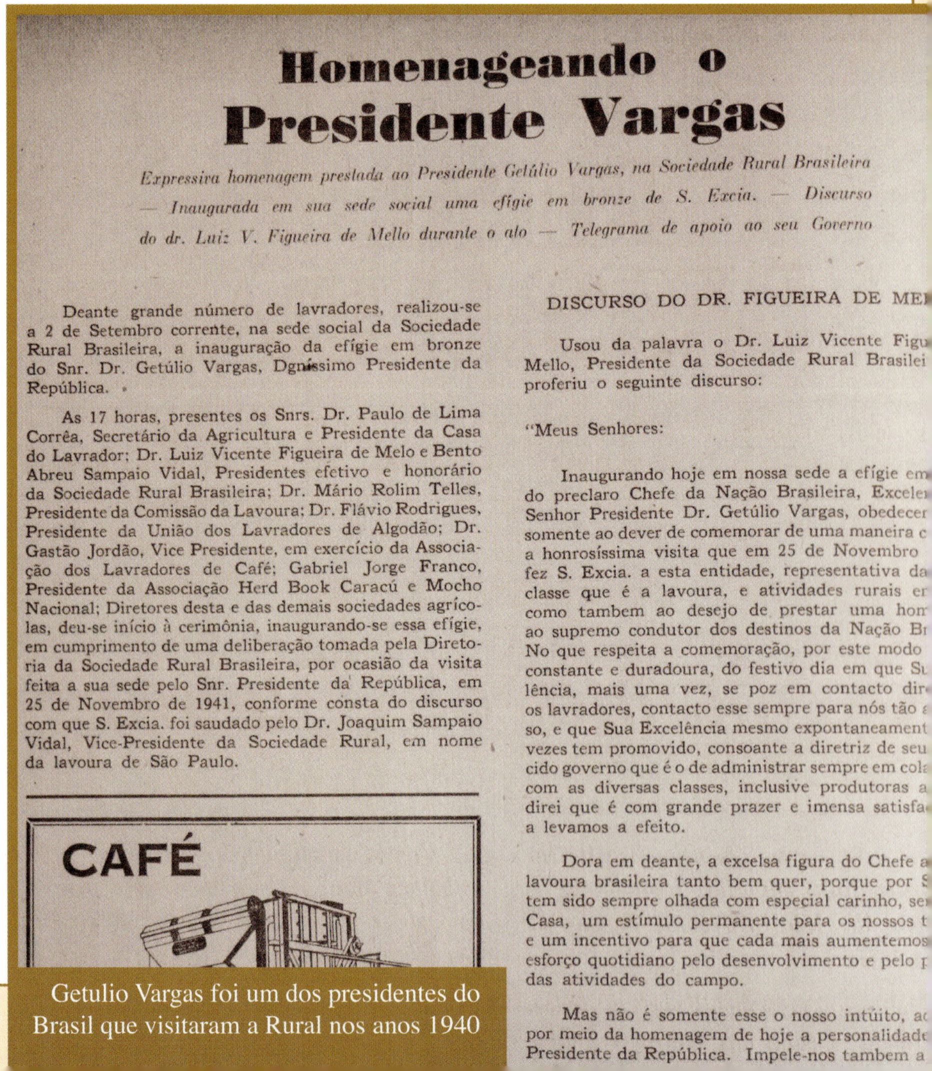

Homenageando o Presidente Vargas

Expressiva homenagem prestada ao Presidente Getúlio Vargas, na Sociedade Rural Brasileira — Inaugurada em sua sede social uma efígie em bronze de S. Excia. — Discurso do dr. Luiz V. Figueira de Mello durante o ato — Telegrama de apoio ao seu Governo

Deante grande número de lavradores, realizou-se a 2 de Setembro corrente, na sede social da Sociedade Rural Brasileira, a inauguração da efígie em bronze do Snr. Dr. Getúlio Vargas, Dgníssimo Presidente da República.

As 17 horas, presentes os Snrs. Dr. Paulo de Lima Corrêa, Secretário da Agricultura e Presidente da Casa do Lavrador; Dr. Luiz Vicente Figueira de Melo e Bento Abreu Sampaio Vidal, Presidentes efetivo e honorário da Sociedade Rural Brasileira; Dr. Mário Rolim Telles, Presidente da Comissão da Lavoura; Dr. Flávio Rodrigues, Presidente da União dos Lavradores de Algodão; Dr. Gastão Jordão, Vice Presidente, em exercício da Associação dos Lavradores de Café; Gabriel Jorge Franco, Presidente da Associação Herd Book Caracú e Mocho Nacional; Diretores desta e das demais sociedades agrícolas, deu-se início à cerimônia, inaugurando-se essa efígie, em cumprimento de uma deliberação tomada pela Diretoria da Sociedade Rural Brasileira, por ocasião da visita feita a sua sede pelo Snr. Presidente da República, em 25 de Novembro de 1941, conforme consta do discurso com que S. Excia. foi saudado pelo Dr. Joaquim Sampaio Vidal, Vice-Presidente da Sociedade Rural, em nome da lavoura de São Paulo.

CAFÉ

DISCURSO DO DR. FIGUEIRA DE ME

Usou da palavra o Dr. Luiz Vicente Figu
Mello, Presidente da Sociedade Rural Brasilei
proferiu o seguinte discurso:

"Meus Senhores:

Inaugurando hoje em nossa sede a efígie em
do preclaro Chefe da Nação Brasileira, Excele
Senhor Presidente Dr. Getúlio Vargas, obedecer
somente ao dever de comemorar de uma maneira c
a honrosíssima visita que em 25 de Novembro
fez S. Excia. a esta entidade, representativa da
classe que é a lavoura, e atividades rurais er
como tambem ao desejo de prestar uma hor
ao supremo condutor dos destinos da Nação Br
No que respeita a comemoração, por este modo
constante e duradoura, do festivo dia em que Su
lência, mais uma vez, se poz em contacto dir
os lavradores, contacto esse sempre para nós tão
so, e que Sua Excelência mesmo expontaneament
vezes tem promovido, consoante a diretriz de seu
cido governo que é o de administrar sempre em col
com as diversas classes, inclusive produtoras a
direi que é com grande prazer e imensa satisfa
a levamos a efeito.

Dora em deante, a excelsa figura do Chefe a
lavoura brasileira tanto bem quer, porque por
tem sido sempre olhada com especial carinho, se
Casa, um estímulo permanente para os nossos t
e um incentivo para que cada mais aumentemos
esforço quotidiano pelo desenvolvimento e pelo p
das atividades do campo.

Mas não é somente esse o nosso intúito, a
por meio da homenagem de hoje a personalidade
Presidente da República. Impele-nos tambem a

Getulio Vargas foi um dos presidentes do Brasil que visitaram a Rural nos anos 1940

Presidentes da Sociedade Rural Brasil, que foram Secretários de Agricultura e Abastecimento do estado de São Paulo

Paulo de Morais Barros (1915)

Gabriel Ribeiro dos Santos (1924 - 1927)

Luiz Pisa Sobrinho (1935 - 1936)

Bento de Abreu Sampaio Vidal (1937 - 1938)

Francisco Malta Cardoso (1946 - 9147)

Renato da Costa Lima (1953 - 1955)

Roberto Rodrigues (1993 - 1994)

João de Almeida Sampaio Filho (2007 - presente)

Ministros da Agricultura

Paulo de Morais Barros (1930)

Renato da Costa Lima (1962 - 1963)

Roberto Rodrigues (2003 - 2006)

Flagrante apanhado na Sociedade Rural Brasileira, no momento em que o seu presidente, Dr. Luiz Vicente Figueira de Mello, pronunciava o seu discurso comemorativo ao ato inaugural de uma efigie em bronze do Presidente Getúlio Vargas.

Vargas ganhou até uma esfinge em sua homenagem

Catolicismo e a Rural

A igreja católica sempre esteve ligada à terra e ao campo. Nos Annaes da Rural dos anos 1920 já podemos observar a presença do Bispo da região freqüentando reuniões da entidade. Em 1942, a Revista divulgou o 4º Congresso Eucarístico Nacional realizado em São Paulo. "Deus e a Pátria são idéias que nasceram juntas e no seio da família brasileira, e assim, se compreende como os filhos Piratininga, enfrentando corajosamente os desafios do momento e os perigos do futuro", dizia um texto carregado de simbolismos da Revista de 1942.

Eleições acirradas

Em dezembro de 1944, houve uma das mais acirradas eleições da Sociedade Rural Brasileira, a ponto de gerar um editorial na Revista comentando o fato pitoresco. "A pequena diferença havida no resultado final prova, mais do que as nossas palavras, o empenho e o interesse despertado. Foi uma manifestação ampla e uma consulta aos sócios da Sociedade Rural Brasileira, que gozaram mercê da atual diretoria, a mais completa liberdade de ação e tiveram por parte de seus diretores, todas as facilidades, as informações e a garantia da absoluta ordem que reinou em todas as fases. Encerradas as eleições tiveram início as apurações. Era uma hora da madrugada do dia 28, quando o presidente da assembléia fez a contagem dos envelopes, encontrando elevado número de 726 votantes", foi o comentário da eleição que definiu a nova diretoria para o biênio 1945/47 sob a regência do Antonio de Queiroz Telles, que ganhou as eleições com 364 votos contra 361 votos do então presidente Joaquim Abreu Sampaio Vidal, que obviamente não se reelegeu.

Antonio de Queiroz Telles (1945/47)

"A força da Rural não reside num homem ou num grupo de homens. Reside, sim, na soma dos homens que compõem o seu quadro social, como um todo uno e indispensável, que indissoluvelmente se liga para ser forte a serviço da causa da lavoura que é em última análise, a causa da Nação", declarou em seu discurso de posse.

Contra o comunismo – Nasce a Questão agrária no País

Em 1945, Luiz Carlos Prestes, famoso marido de Olga Benário, fez um discurso inflamado no estádio do Pacaembu, o qual a Sociedade Rural Brasileira se manifestou veementemente contrária. Assim reproduziu a Revista da Rural sobre o teor do discurso de Prestes: "Salvemos a democracia em defesa de nosso patrimônio. A Sociedade Rural Brasileira é uma associação de classe apolítica. A política, no sentido restrito de política partidária é assunto cuja discussão pelos seus estatutos deve ser alheia aos seus órgãos deliberativos, e, ausente do recinto de suas reuniões. A política econômica é o objetivo principal de sua existência e deve ser o assunto preferido para os debates que se travam neste recinto. Às vezes, entretanto, entrelaçam de tal forma os objetivos da política econômica com os interesses da política partidária que se torna impossível traçar uma linha divisória. Na arena dos debates em preparação ao pleito para a Assembléia Constituinte, surgiu inopinadamente, de lança em riste, um partido que se diz Comunista, propondo-se não a construir uma nova ordem econômica do Brasil, que se assentam em suas atividades agrárias. Todos sabem que a filosofia comunista, marxista tem por princípio a destruição do capitalismo". Assim continua a Revista - "É preciso romper com os obstáculos", diz Sr. Luiz Carlos Prestes. E quais são os obstáculos? Os lavradores, os fazendeiros brasileiros, possuidores de latifúndios, que a imaginação pouco fértil do chefe do partido Comunista que os considera a causa máxima e fundamental dos atrasos do país", relatou em editorial a Revista da Sociedade Rural. Nasce aqui a Questão Agrária no Brasil.

Mudanças na Economia

O sócio da Rural, Dr. Orlando de Almeida Prado realizou conferência em 18 de janeiro de 1946 no chamado a "Hora da Economia Rural". "Senhores, neste instante histórico da vida político-administrativa do Brasil, em que a Nação saindo da longa noite trevosa de uma ditadura que lhe amordaçava a consciência e lhe tolhia os justos anseios de progresso e desenvolvimento; nesta hora em paralelo da sua história, em que o Brasil, sob a égide da Justiça e sob os patrióticos auspícios das suas nobres classes armadas se encontra no pórtico majestoso de uma nova era de respeito à ordem jurídica, como fundamento precípuo de garantia dos direitos individuais e patrimoniais dos cidadãos, e, pois de progresso econômico da nação, é chegado o momento exato de formularmos, nós homens da lavoura, como também os da indústria e do comércio, as teses referentes aos problemas fundamentais da economia nacional. Vamos tratar aqui da reorganização do sistema bancário brasileiro em bases racionais e modernas à altura das necessidades e destinos desta grande pátria. Quem contestará esta minha afirmação: "em pleno século XX, o Brasil permanece ainda indolente e inconscientemente, vivemos em quase todos os setores de suas atividades sociais, políticas e econômicas, num regime que, positivamente não se coaduna com o grau de progresso alcançado pelas nações vanguardeiras da civilização hodierna de todos os quadrantes da Terra", comentou Prado em longo artigo.

Visita do embaixador dos Estados Unidos no Brasil na sede da Rural

Nelson Rockefeller na Rural

O magnata da construção civil e do petróleo norte-americano Nelson Rockefeller (mais tarde veio a ser vice-presidente dos Estados Unidos em 1974, no governo de Gerald Ford) visitou a Sociedade Rural Brasileira em 22 de novembro de 1946. Talvez essa tenha sido uma das primeiras de muitas visitas de Rockefeller ao Brasil. Considerado o amigo do Brasil, Rockefeller tinha intenções de explorar petróleo e outros minerais na Amazônia brasileira.

1950 - Homenagem aos congressistas

No dia 10 de janeiro de 1950, a Sociedade Rural Brasileira organizou almoço em homenagem a senadores e deputados federais. Estavam presentes Altino Arantes, Américo Maciel de Castro Junior, Aureliano Leite, Euzébio Rocha Filho, Fernando de Almeida Nobre Filho, Franklim de Almeida, Herbert Levy, Horácio Lafer, José Alves Palma, José Carlos Pereira de Souza, Luiz de Toledo Piza Sobrinho (viria a ser presidente da Rural), Plínio Cavalcante de Albuquerque e Raul da Rocha Medeiros (ex-presidente da Rural). Entre os assuntos discutidos foram o Código Rural (em implantação), a Reforma Agrária e assuntos relativos ao café, além da discussão da sede própria da Rural.

Semeador de Sementes, obra em bronze encomendada na França

Homenagem ao Cafeicultor - Geremia Lunardelli

Em agosto de 1952, o cafeicultor intitulado "Rei do Café", Geremia Lunardelli recebeu pelas mãos do presidente Getúlio Vargas, a Medalha da Perseverança. "O Sr. Lunardelli, trabalhador de que enxada na mão e com o suor na fronte chegou hoje (sic) à culminância de Rei do Café com seus 14 milhões de cafeeiros a verdejar pelo solo brasileiro. Dizia a edição da revista da Rural : "A família Lunardelli teve a principio em sua chegada ao Brasil toda uma série imensa de contratempos que, ao invés de desânimo serviram para trazer à têmpera do jovem Geremia, novos subsídios de força e alento. Aos 19 anos era o moço colono e carroceiro e se lembramos, sabemos o quanto se orgulha disso". "Fibra por fibra, reconhecendo seu valor e sua capacidade de trabalho, não teve dúvida importante firma e a Brazilian Warrant em fornecer-lhe crédito, que não tardou em ter sua terna recompensa.

Governador Lucas Nogueira Garcez

O recém eleito governador do estado de São Paulo visita a sede da Rural em dezembro de 1950. O Governador foi recebido pelo presidente Francisco Malta Cardozo e pelo presidente do Instituto de Economia Rural da SRB, Raul da Rocha Medeiros. Ocupando a tribuna, o ex-presidente Antonio de Queiroz Telles disse: "Exmo. Sr. Dr. Lucas Nogueira Garcez, desejando ouvir a lavoura paulista antes de sua posso no governo do estado, procurou V. Excia. a rural, tradicional entidade de classe em nossa terra". Telles explicou a respeito dos problemas do campo, entre eles, o crédito rural, combate à erosão, os bens do antigo Instituto do Café, entre outros assuntos para posicionar o novo governador a cerca dos problemas da lavoura.

Monumento ao café

Em 1955, a Sociedade Rural Brasileira patrocinou um Monumento ao Café que foi construído e montado no Parque do Ibirapuera, parque recém-inaugurado por ocasião do 400 anos da cidade em 1954. A idéia do Monumento ao Café deve-se ao Sr. Guilherme de Almeida, presidente da Comissão do IV Centenário, pois foi ele quem sugeriu a idéia à Rural. Acolhendo a idéia, a Rural junto com outras entidades fizeram o monumento "que simbolizasse o ouro negro na economia nacional". Erigido no Parque do Ibirapuera, em rua que passará a ser denominada Avenida do Café, o monumento símbolo e glorificação da planta cujos frutos constituem o produto básico da economia brasileira é de autoria do escultor italiano Francisco Zeri. Assentado sobre um pedestal de granito que contém um punhado de terra de cada um dos municípios cafeeiros de São Paulo, ergue-se a árvore simbólica do café, fundida em bronze platinado com 4 metros de altura por 2,50 metros de largura.

Monumento ao Café feito por ocasião do 4º Centenário da cidade de São Paulo

Cinqüentenário da Imigração Japonesa

Em 1958 foi comemorado os 50 anos da vinda dos japoneses ao Brasil para trabalhar na lavoura. Em 2008, o Brasil comemorou o Centenário e A Rural dava a devida importância pela data aos japoneses. "Este ano de 1958 conta entre as datas comemorativas a do cinqüentenário da imigração japonesa para São Paulo. A tremenda mistura étnica que se instalou no Brasil já era pré-existente à introdução dos japoneses, portugueses e espanhóis", dizia o artigo que também homenageava os desbravadores da Cooperativa Agrícola de Cotia, uma das maiores cooperativas agrícolas do Brasil nos anos 50.

Em 1958

Renato da Costa Lima, então presidente da Sociedade Rural Brasileira, assumiu a presidência do IBC – Instituto Brasileiro do Café em 1958. Entre suas medidas, destacam-se: implementação desde logo de uma agressiva política de vendas do café brasileiro, combatendo a especulação e a retenção do produto. Em 1959, ordenou a construção das primeiras unidades de armazenamento, dando início ao cumprimento de um plano que previa a edificação de um milhão de metros quadrados para esse fim. Em abril de 1960, baixou resolução criando as primeiras normas de incentivo à implantação de indústrias de café solúvel. Permaneceu à frente do IBC até junho de 1960, quando foi exonerado. Sua saída foi assunto de vários editoriais contrariados da Revista da Rural.

Em 1960

A Sociedade Rural Brasileira participa ativamente da visita do presidente dos Estados Unidos – Franklin Eisenhower no Brasil.

Quadro de óleo sobre tela feito pelo italiano Rosalbino Santoro em 1903

Presença da Mulher

Em 1957, a SRB fez uma pesquisa de opinião para os leitores da revista da Sociedade Rural Brasileira para saber da necessidade e da vontade de uma página dedicada a mulher. A partir de outubro daquele ano surgiam as Páginas da Mulher. A editora da coluna, Carmem de Almeida falava de vestimenta da moda, dicas de etiquetas e informações do estrangeiro. "A blusa é o mais útil dos acessórios do traje feminino", dizia. Mostrava a inserção da mulher na sociedade.

Estas duas páginas dedicadas a Mulher foi editada pela sra. Nazareth de Almeida Costa até 1965, quando deixou de exisitir. Além disto, na edição de outubro de 1960 – a capa e editorial da Revista foram uma "Homenagem a mais antiga fazendeira paulista" - Sra Albertina de Castro Prado. Dizia o editorial:

"Completa 90 anos de idade neste dia 04 de outubro. Fazendeira de café desde 1888 – casada com Antonio de Castro Prado. Testemunha da mudança da abolição do cativeiro para a reforma que foi a grande imigração, viu crescer nos seus terreiros inúmeras gerações vindas do Mediterrâneo, exerceu influência na educação, nos costumes e na formação do caráter. A maior parte das propriedades se estende desde as chácaras de figo e de uvas ao largo da estrada velha de Campinas e na via Anhanguera, por onde estendem as fazendas do Espírito Santo.

Dona Albertina foi uma das alunas prediletas da saudosa Madre Maria Theodora de Voiron, do Colégio do Patrocínio, em Itu, onde recebeu a educação da civilização francesa. Há dez anos, ao completar 80 anos, promoveu a renovação dos seus cafezais da região em parceria com as experiências do Instituto Agronômico. Escreveu o livro Apontamentos para a história das Fazendas Paulistas – livro de recordação animada de nossa história agrícola".

A Rural
REVISTA DA SOCIEDADE RURAL BRASILEIRA

Diretor: LUIS DE TOLEDO PIZA SOBRINHO | Publicação mensal — Fundada em 1920 | ANO XL — N.º 474 OUTUBRO — 1960

A mais antiga fazendeira Paulista

LUÍS PIZA SOBRINHO

No próximo dia 4 de outubro, completa 90 anos de idade a nossa ilustre sócia benemérita dona Albertina de Castro Prado, dona das fazendas "Coqueirão", em Pirajuhy, e "Espírito Santo", em Valinhos.

Fazendeira de café, desde 1888, dona Albertina acompanhou seu marido, o saudoso dr. Antonio de Castro Prado, nos seus empreendimentos agrícolas que abrangiam diversas fazendas, em tôdas as zonas do Estado, onde se cultivava o café. Testemunha da mudança da abolição do cativeiro para a reforma que foi a grande imigração, viu crescer, no terreiro de sua fazenda, inúmeras gerações, procedentes das diversas regiões do Mediterrâneo que imigraram para São Paulo. E, sôbre tôdas elas exerceu uma influência decisiva na educação dos costumes e na formação do caráter. Bispos, sacerdotes, frades, médicos, advogados, engenheiros, industriais e lavradores que hoje ilustram a vida de São Paulo, cresceram e se formaram ao redor dessa veneranda dama paulista, cheia de bondade, mas de intransigente disciplina para com os princípios elementares da moral e do trabalho. Naquelas chácaras de figos e de uvas que se estendem ao longo e nas proximidades da Estrada Velha de Campinas e na via Anhanguera, vê-se, na maior parte dos proprietários, descendentes das antigas famílias que derrubaram as matas que cobriam os espigões da velha fazenda "Espírito Santo". Aquela propriedade, entre outras, foi das fazendas que acolheram levas e levas de imigrantes recem-chegados da Europa. E logo encontraram nos fazendeiros o encaminhamento para a adaptação à vida agrícola. O modo como foram acolhidos e tratados e o êxito que conseguiram, bem justifica a frase de um dos folhetos da propaganda da imigração que se distribuiu, na Europa, ainda no tempo do Império: "Quem vai para São Paulo encontra na uberdade do solo, uma nova pátria e na bondade do povo, uma outra família".

Engenho cultíssimo, dona Albertina foi uma das alunas prediletas da saudosa madre Maria Theodora de Voiron, do Colégio do Patrocínio, em Itu, e recebeu daquela grande educadora e suas companheiras o influxo da civilização francesa que era o apanágio das moças de sociedade, no último quartel do século passado. Até hoje, ainda conserva a dedicação indefectível aos princípios que orientaram sua infância.

Senhora de grande inteligência e ainda hoje, no último decênio para o centenário, espírito lucidíssimo, exerce uma grande influência entre as velhas famílias paulistas e é um exemplo de otimismo e confiança nos grandiosos destinos de nossa Pátria. Há dez anos passados, ao completar 80 anos, promoveu a reforma de seus cafèzais, em Campinas, de acôrdo com as experiências do Instituto Agronômico, cujas atividades acompanha desde o Império, tendo sido das primeiras a encarar, corajosamente, a necessidade de substituir os cafezeiros deficitários e preparar as árvores para as colheitas, em cereja, e conseqüentemente na produção de cafés finos.

Dos seus interessantíssimos "Apontamentos para História das Fazendas Paulistas", recordação animada da vida de nossa história agrícola, há capítulos de rara beleza, cuja publicação faremos em breve.

A Sociedade Rural Brasileira, entidade tradicional dos cafeicultores paulistas, abre a coluna de honra de sua revista para registrar aquela gratíssima efeméride, associando-se às homenagens justíssimas que a sociedade de São [illegible] e nobre senhora, [illegible] dignas famílias da [illegible] lha Piratininga.

Exma. sra. d. Albertina de Castro Prado
(Retrato a óleo de Di Ismailovich, 1954)

Nos aos 1940, a revista da Rural criou o espaço da mulher

Editorial de 1961

Destaca Janio Quadros: Diz que ele receberá o país, após cinco anos de um governo dissipador, que exauriu as finanças da nação, como uma verdadeira massa falida. Somente neste quinquênio as emissões de papel moeda se elevaram em 67 bilhões para 177 bilhões cruzeiros, aliás sem a devida autorização do Congresso Nacional. "Da sua plataforma, verifica-se que a agropecuária foi das partes que lhe mereceram o maior desvê-lo. Inicia um governo de austeridade com orçamentos equilibrados, parcimônia nos gastos e simplificação dos tramites burocrático vigentes para a exportação. A análise prudente e despretensiosa dos nossos problemas rurais, que encontramos em sua plataforma, enche-nos de esperança no futuro governo do país, de quem muito esperamos".

Renato Costa Lima, presidente da Rural, também ocupou cargos importantes na agricultura brasileira

Governador Carvalho Pinto

Cria a Fapesp (Fundação de Amparo à Pesquisa do Estado de São Paulo), prevista no artigo 123 da Constituição Estadual de 1947.

Editorial de Eugenio Gudin

Ministro da Fazenda do governo Café Filho (1954 a 1955) sobre conceitos temerários faz uma crítica ao governo Juscelino Kubitscheck no final da década de 60 que causa repercussão nas páginas da revista da Rural. Ele fala sobre o embate entre agricultura e indústria, críticas a política de JK, que estimulou tal dicotomia. Numa crítica clara ao discurso proferido na Sociedade Paulista de Agronomia pelo almirante Lucio Meira - parte integrante da administração desenvolvimentista de JK.

Momento Político Tenso

Neste período, a Sociedade Rural Brasileira participa das discussões políticas do país. Por meio de seus editoriais e de reuniões se faz ouvida. Em editorial sobre a crise da política nacional, fala sobre a renúncia de Janio Quadros em 25 de agosto e também reproduz a posse do governo João Goulart no Congresso Nacional e inova um voto de confiança ao novo presidente pelo presidente da SRB na época Renato da Costa Lima.

Em fevereiro de 1962, o editorial – Comunismo e Democracia – fala sobre "esse regime querem nos arrastar alguns governadores de espírito avançado e alguns políticos demagogos que, após fracassado manifesto de goiana, estão preparando os focos de uma rebelião armada, sob pretexto de reivindicações territoriais".

Durante todo o restante do ano de 1962 até março de 1964, críticas ao controle de preços como arma política do governo João Goulart, também sobre a medida do ministro do trabalho André Franco Montoro sobre a sindicalização do proletariado agrícola.

No editorial - País ameaçado de parar – enumera os males daquele momento com "um país sem moeda estável é máquina sem combustível e engrenagem sem óleo". As reformas de base e a política executiva também são destaques de críticas, junto com a condenação do modelo de desenvolvimentismo inflacionário do governo.

Em maio de 1963, o então deputado federal Armando Falcão visita a SRB e profere uma conferência contundente sobre o momento político e econômico do país.

Em setembro de 1963 é instalada a CPI do Café, que realiza a reunião na SRB.

VISITA A SRB A CPI SÔBRE O CAFÉ

Os srs. deputados José Maria Alkmin e Herbert Levy, respectivamente, presidente e relator da Comissão Parlamentar de Inquérito sôbre a política cafeeira do País e as atividades do Instituto Brasileiro do Café, fizeram uma visita de cortesia à Diretoria da Sociedade Rural Brasileira, sendo recebidos pelo presidente da entidade, sr. Salvio de Almeida Prado.

Realizou-se, na oportunidade, uma reunião informal com s. excias., que contou com a presença de presidentes e representantes de várias entidades da classe agrícola e de cooperativas de cafeicultores, além dos diretores, conselheiros e elevado número de associados da SRB.

O sr. Salvio de Almeida Prado, após a devida saudação aos ilustres visitantes, focalizou momentosos problemas que a agricultura vem enfrentando nesta conjuntura político-econômica e social do País, salientando, inclusive, a difícil situação em que se encontra a cafeicultura, agora agravada pelas geadas.

Os membros da CPI apreciaram com os presentes as irregularidades que se verificam na comercialização e exportação do café brasileiro, bem como certos absurdos da política cafeeira que o Brasil vem adotando, que só pioram a posição do nosso importante produto no mercado internacional.

Por outro lado, a pedido do deputado Herbert Levy, o presidente da CPI, deputado José Maria Alkmin, convocou o sr. Salvio de Almeida Prado a prestar depoimento, em Brasília, cuja data será oportunamente fixada.

Aspecto parcial da Mesa da reunião com a CPI, vendo-se, da esquerda para a direita, os srs. Paulo Guzzo, dr. Alkindar M. Junqueira, dep. José Maria Alkmin, Salvio de Almeida Prado, presidente da SRB, dep. Herbert Levy e dr. Luis Piza Sobrinho.

Abordando a questão do estoque em poder do IBC, o sr. Antonio Bento Ferraz, vice-presidente da SRB, disse que «procederam muito bem os srs. deputados e senadores que pediram inquérito para apurar o que de verdade existe sôbre a quantidade armazenada, pois, como é sabido, essa suposta massa de café dá cobertura para confiscos, além de exercer forte pressão sôbre os preços do produto».

Declarou, ainda, já ter a comissão de padronização do IBC rebeneficiado um milhão e trinta e cinco mil sacas nas cooperativas de Campinas, Ribeirão Prêto, Araraquara, Jaú-Itarapina, Dourados, etc., apurando-se, do rebeneficio 70% mais ou menos de cafés exportáveis, ao redor do tipo 6.

«Sabe-se — acentuou — que «êsses cafés, antes de sua saída dos armazéns reguladores, sofrem uma seleção cujo resultado é de cêrca de 50% para consumo interno e de 50% para rebeneficio. Assim é que, dos 50% que vão para o rebeneficio, se apuram 70% de cafés exportáveis, cujo restante é destinado ao consumo interno, donde se conclue que, de 100 sacos de café nos reguladores, não se tiram mais que 35% de cafés bons para exportação».

Perguntou o sr. Bento Ferraz: «Nestas condições, a quanto fica reduzido o célebre estoque? E quanto já foi exportado em relação a êsses cafés»?

Finalmente, em rápida argumentação, o sr. Linneu Carlos de Souza Dias, diretor do Departamento de Café da SRB defendeu a instituição das cotas individuais de produção dêsse produto.

Medidas de salvação ...

(Conclusão)

Deputados Federais e Estaduais sempre visitaram a Rural

Na revista de 1964 são destaques os resultados da Marcha da Família com Deus Pela Liberdade e também críticas a Lei que institui a desapropriação das áreas localizadas às margens das rodovias federais e ferrovias e açudes.

Em julho de 1964, editorial – Começamos muito mal - discorda do presidente do IBC e das primeiras medidas tomadas pelo governo – política monetária, críticas a audiência do presidente da SRB Sálvio com o presidente Castelo Branco e principalmente sobre o Estatuto da Terra. Num momento posterior, um repto ao então Ministro do Planejamento, Roberto Campos, "a classe agrícola, sobre a qual pesa a responsabilidade das produções, que representam o profundo equilíbrio e a estabilidade social do país, quais sejas as de viveres que abastecem a população ou a de produtos exportáveis que garantem divisas ao país, sente-se impossibilitada de prosseguir sua árdua tarefa em face do desacerto da política econômico-financeira que lhe diz respeito". Curiosamente a mesma mensagem é reproduzida novamente na edição de outubro daquele ano.

Outros Momentos

Na esfera política, a Sociedade Rural Brasileira continua a atuar junto às autoridades no período do regime militar, sempre na defesa da agricultura brasileira. Os planos nacionais de desenvolvimento I e II marcaram o intervencionismo do Estado nas questões econômicas e, particularmente na agropecuária.

A Rural sempre independente divergia e concordava conforme o atendimento às necessidades da agricultura.

Em 1979, houve a visita do presidente João Baptista de Oliveira Figueiredo quando da gestão do presidente Renato Ticoulat. Em 1986, houve a criação da Frente Ampla da Agropecuária durante a execução do Plano Cruzado.

Em 1988, o trabalho da SRB na Assembléia Nacional Constituinte foi preponderante para as conquistas no capítulo de política agrícola. A entidade introduz o termo propriedade produtiva nas discussões sobre Reforma Agrária

Em 1993, é indicado como Secretário de Agricultura e Abastecimento do Estado de São Paulo, Roberto Rodrigues, ex-presidente da Sociedade Rural Brasileira (1994 a 1996).

Em 1996, no primeiro governo de Fernando Henrique Cardoso foi criado o Fórum Nacional da Agricultura para discutir os problemas da agricultura, do qual a Rural fazia parte.

Em 2003, é indicado como Ministro da Agricultura, Roberto Rodrigues. E em 2007 é a vez de João Sampaio, ex-presidente da SRB (2002 a 2007) ser nomeado Secretário de Agricultura e Abastecimento do Estado de São Paulo, ocupando presidência, seu vice Cesário Ramalho da Silva, depois eleito para o triênio 2008 a 2010.

Em 2008, a Rural é chamada para discutir a revisão do Código Florestal e revisão dos índices de produtividade.

Aguinaldo Pedro/Ofício da Imagem

Cesário Ramalho da Silva,
23º presidente da Rural

Foto: João Luiz

Colheita

Somente o otimista planta

Colheita

Uma nação se forma e amadurece por intermédio de suas instituições. Quando uma instituição celebra 90 anos, a efeméride deixa de ser um fato restrito aos que lhe são próximos para se tornar festejada por todos os que prezam a consolidação da sociedade brasileira. Este é o caso da Sociedade Rural Brasileira. A formação da Rural há tanto tempo demonstra a vitalidade nacional. Ela nasceu por inspiração de um ituano oriundo de família brasileira tradicional, temperado com sangue inglês, que buscou inspiração na antecessora, e hoje congênere, Argentina. Irmanados à época pela pujança de suas agriculturas, Brasil e Argentina tinham na iniciativa privada, sobretudo de seus fazendeiros, uma das molas propulsoras do progresso. Se a associação ao país vizinho espelhava a força de seus associados, por que não organizar algo semelhante entre nós?

Não obstante, não foi fácil: os sócios do prestigioso Jóquey Clube rejeitaram a idéia. Não faltou, porém, a visão ampla de alguém como o conde Prates, que se entusiasmasse por criar uma organização que, além de defender os interesses específicos de sua categoria ocupacional, fosse capaz de se preocupar com o que acontecia no País e se dispusesse a entrar no debate a respeito das melhores políticas para a agricultura e para o Brasil como um todo. Essa é, desde sua origem, a missão da SRB.

Fiel à vocação de autonomia na tomada de posições, a Rural não se enquadra no âmbito formal das organizações de "representação de classe", tal como a tradição corporativista brasileira as vê. Ou seja, não recebe verbas do Ministério do Trabalho, nem se alinha automaticamente aos interesses dos governos. Pode apoiar políticas, mediante livre adesão ao que elas significam para o país. Mas a instituição não é uma repartição pública disfarçada. Mantém-se graças aos recursos obtidos entre seus sócios e expressa a vontade e a visão consensual ou da maioria deles. Isso não é pouca coisa em um país burocratizado e com pendores corporativos. A SRB não é a única entidade do gênero, nem a mais antiga. Conta, entretanto, entre as mais atuantes.

Eu próprio dou testemunho da capacidade mobilizadora da SRB e de sua disposição para assumir posições na política nacional. Membro que fui da Assembléia Nacional Constituinte, vi o empenho com que a SRB mobilizou seus associados e contagiou outros setores na luta em favor das teses que apoiava, as quais nem sempre coincidiam com o que eu próprio acreditava ser o melhor para o País naquele momento. Não tenho dúvidas em dizer, porém, que, se discordei de algumas de suas opiniões, sei que elas estavam embasadas em uma visão de país, e não em interesses particularistas. Na época, a SRB era dirigida por Flavio Telles de Menezes, que, junto com seus companheiros e com outros líderes empresariais se expuseram defendendo com convicção suas crenças e objetivos.

Mais tarde, no exercício do Ministério da Fazenda e, depois, da Presidência da República, devo à Sociedade Rural Brasileira o apoio denodado à aprovação e implantação das políticas que formaram o que se chamou de Plano Real. Já sob a batuta de Pedro Camargo Neto – que, posteriormente, foi colaborador notável do Ministério da Agricultura durante meu governo – fui convidado a apresentar na Rural o plano de estabilização, o Real. Hoje todos saúdam a estabilidade da economia, e muitos se jactam dela, o que é um ganho para o País. Na época de sua discussão, entretanto, as incertezas eram muitas, havia oposição feroz, e poucos se dispunham a abrir espaço para um debate sério. Pois foi isso que encontrei na Rural.

Há, pois, muitas razões para que eu me junte ao coro dos que, conhecendo o significado dessa instituição quase centenária, não hesitam em reconhecer seus méritos e em augurar-lhe que continue prezando sua independência e sua disposição para buscar os melhores caminhos para o Brasil e para as atividades rurais. Parabéns.

Fernando Henrique Cardoso

Num país jovem como o nosso, uma entidade representativa de adesão voluntária que chega aos 90 anos, é motivo de comemoração e orgulho. A Sociedade Rural Brasileira é fruto da sua atuação, da sua presença constante nos momentos decisivos da agropecuária brasileira e da história política deste país. Sua marca é a transparência e a defesa daqueles que produzem, que promovem o desenvolvimento tecnológico e econômico. A evolução da agropecuária passa pelas suas reuniões, pela atitude do seu Conselho e pela demanda permanente por progresso dos seus associados. A SRB, eu espero, prossegue à frente dos desafios atuais - da produção sustentável de alimentos e energia para o mundo. Parabéns pelos seus 90 anos.

José Serra

A Sociedade Rural Brasileira, hoje presidida pelo ilustre amigo Cesário Ramalho, tem uma larga trajetória de luta na defesa da agropecuária brasileira. A SRB e a Agropecuária tem a mesma história nos últimos 90 anos. Tive a oportunidade de conviver com vários dos seus presidentes e integrantes de diretoria. No exercício do Ministério da Indústria e Comércio que, na época, incluía o IBC e o IAA, até o Ministério da Agricultura, tive inúmeros contatos com a SRB na discussão dos mais variados temas e lá encontrei sempre críticas e sugestões. Mas o que marca a SRB, é o espírito pioneiro e empreendedor dos integrantes da Sociedade. Hoje, no momento em que o país consolida a posição de líder mundial na exportação de alimentos e matérias primas agrícolas, relembro a trajetória vitoriosa da agropecuária brasileira. Além de alimentar o povo brasileiro e gerar o saldo da balança comercial, continua lutando nos Foros Internacionais para defender a renda dos agricultores e pecuaristas contra os subsídios que distorcem os preços, as restrições tarifárias e não tarifárias, o acesso aos mercados e o uso indevido de normas sanitárias e outras, para bloquear a nossa competitividade. Foram 90 anos que cumpre comemorar, lembrando que, se até agora foi uma árdua luta implantar e desenvolver a nossa máquina de produção agrícola e animal, o desafio do futuro é, a partir do Brasil, equacionar as questões de sustentabilidade, logística e marketing que são os desafios do presente.

Pratini de Moraes

Faço aqui meus manifestos pelos 90 anos da Sociedade Rural Brasileira, marca de lisura na defesa da agricultura. Tanto no exercício de cargo privado-sindical, à frente da Federação da Agricultura do Rio Grande do Sul – Farsul, como no desempenho de cargo público federal, sempre tive a maior admiração pela “Rural Brasileira”. A lisura na defesa do interesse público relacionado à agricultura brasileira foi sempre a clara atuação da entidade. Para citar dois nomes importantes, mencionaria Sálvio de Almeida Prado e Renato Ticoulat Filho como grandes figuras que conheci no prazeroso convívio da Sociedade Rural Brasileira.

Luiz Fernando Cirne Lima

Com grande alegria que comemoro os 90 anos da Sociedade Rural Brasileira, entidade que conseguiu aliar longevidade com modernidade. Tive o privilégio de, no começo da minha carreira profissional, ter sido talhado técnica e intelectualmente pelos ex-presidentes da entidade Roberto Rodrigues e Luiz Hafers, além de ter tido a oportunidade de interagir com diretores da SRB do porte de Flávio Teles de Menezes e Pedro de Camargo. Lembro com orgulho no dia 3 de janeiro de 1995, quando comecei como assessor econômico. Do meu tempo de SRB até hoje, passados mais de dez anos, salta aos olhos o crescimento da entidade e impressiona a todos sua capacidade de congregar as grandes lideranças do setor agropecuário brasileiro. A Rural é uma entidade antiga, vivida, mas que não se priva de liderar debates e promover ações em defesa dos interesses dos produtores rurais sobre temas prementes e urgentes, alguns até de difícil aceitação no meio rural. Nesse sentido, a SRB tem conseguido estar à frente do seu tempo, porque consegue aliar ações políticas com forte argumentação técnica.

André Meloni Nassar

A SRB abriu-me as portas para o mundo. Desde o pós-guerra, a agricultura sofria um forte processo de transferência de renda para o setor urbano-industrial, sob a forma de confiscos, contingenciamentos, controle cambial etc. A brasilidade, a defesa dos interesses rurais e da economia de mercado fazem parte do DNA da SRB. As questões instigantes colocadas por seus dirigentes resultaram em estudos inéditos sobre reforma agrária, crédito rural e a contribuição da agricultura para o desenvolvimento econômico. Hoje temos uma agricultura gigante, totalmente inserida no mercado, sem os grilhões do passado, pouco subsidiada, mas competitiva no cenário global. A SRB está por detrás dos conceitos que geraram tais mudanças.

Ivan Wedekin

É uma honra ter sido ter sido presidente da Sociedade Rural Brasileira, é uma passagem da minha vida que me deu muito prazer. A Rural ajudou a formar grandes agricultores e foi protagonista em muitos momentos da evolução da nossa agropecuária. Para o futuro, a Rural deve ser balizadora desta transição, da agricultura baseada na propriedade para a conversão em uma agricultura gerencial, com base no conhecimento, informação e gestão. Mais que celebrar o passado, devemos antecipar o futuro da agricultura dentro da nossa entidade. A Rural prepara-se para influenciar, discutir e formar novas lideranças.

Luiz Hafers

É um fato extraordinário para as tradições latino-americanas que uma instituição de classe baseada no voluntariado comemore 90 anos de existência e de ininterruptas atividades em favor do progresso do país e de seu povo. Mais notável ainda se esta instituição for ligada ao setor rural: as diferenças regionais, edafoclimáticas, éticas, culturais, tecnológicas e fundiárias travam o avanço de organismos nacionais de representação do agro. Pois a Sociedade Rural Brasileira enfrentou tudo isto e comemora, em 2009, seus 90 anos de atuação em defesa da classe rural, sob os conceitos firmes da democracia, de justiça, da paz e do desenvolvimento harmonioso da Nação. E sempre o fez com respeitabilidade e independência, jamais se curvando a governos ou pressões externas que violassem seus princípios éticos e morais intocáveis. A SRB é também um viveiro de lideres para o Brasil.

Roberto Rodrigues

A Sociedade Rural Brasileira me abriu a possibilidade de trabalhar em ações coletivas. Até então a minha experiência era em ações individuais, como profissional e como empresário. Atuar na defesa de interesses coletivos foi um desafio estimulante que não mais abandonei. Os anos como Presidente foram, para mim, intensos. A amplitude e o alcance dos temas obrigaram-me a uma reflexão que me permitiu amadurecer e a experiência adquirida no desenvolvimento das idéias me estimulou a avançar na elaboração de estratégias para a defesa das causas coletivas. Minha trajetória sempre esteve calcada no amplo debate com meus companheiros, cujas idéias defendi com determinação. Foram anos de muita emoção e trabalho, que agradeço à Sociedade Rural Brasileira com seus companheiros e ideais.

Pedro de Camargo Neto

A Sociedade Rural Brasileira – 90 anos, quase um século de compromissos com o Brasil e sua Agricultura. Honra aos seus fundadores, os mais ilustres empresários e fazendeiros naquele momento, os quais se reuniam para transmitirem novas técnicas agrícolas, trocarem informações sobre investimentos, abertura de novas regiões para produção de alimentos e fibras; criando empregos e fundando cidades. Homens de luta que, por gerações, nos transmitiram o senso de responsabilidade solidária. São inúmeros os exemplos de agricultores que saíram deste ambiente para colaborar nos governos estaduais e Federal, como exemplos mais recentes ressalto os empenhos denodados de: Roberto Rodrigues, Flávio Teles de Menezes, Pedro de Camargo Neto e João Sampaio. Muitas vezes conclamando os produtores a compartilharem de um esforço coletivo em favor da causa mais nobre: o bem-estar de todos. Este tem sido o lema da Sociedade Rural Brasileira, perseverar nele com patriotismo, dignidade e desprendimento, plantando com entusiasmo a cada primavera a semente com fé renovada. A Boa Colheita fica nas mãos de Deus. Por isso, a Sociedade Rural Brasileira faz parte da Consultoria da Presidência da República. Cumprimento o nosso Presidente, Cesário Ramalho da Silva, pelos noventa anos da Rural, ao mesmo tempo me inclino respeitosamente aos amigos, ruralistas exemplares, que por aqui passaram.

Linneu Carlos da Costa Lima

Uma grande honra ter sido presidente da Sociedade Rural Brasileira. A nossa contribuição para o desenvolvimento da agropecuária brasileira tem sido contínua, com um diferencial – a Rural não representa somente agricultores, mas a agricultura. Ela pensa na atividade econômica humana indispensável a qualquer sociedade. No caso do Brasil, tem uma importância ainda maior pela magnitude e vocação deste país. Iniciei na Rural no período de Sálvio de Almeida Prado e bem jovem fui presidente, quando da transição política e econômica do Brasil na década de 80. E posso afirmar que as discussões promovidas e a capacidade de antecipar os desafios é a grande marca destes 90 anos de trajetória e de história da Sociedade Rural Brasileira.

Flávio Teles de Menezes

É com grande satisfação que comemoramos os 90 anos da Sociedade Rural Brasileira. Como ex presidente da Rural, é uma honra ter colaborado de alguma forma para a construção desta trajetória. A atuação da Rural tem sido uma luta permanente para impedir a transferência de renda do campo, mais que isto, um desafio constante para garantir esta renda ao produtor e propiciar o ambiente de desenvolvimento da nossa agropecuária. Os enfrentamentos e a disposição em defendermos os nossos princípios são a nossa história de 90 anos. Nas principais discussões e nos momentos políticos e econômicos do país, a Rural estava presente, contribuindo e criticando, propondo e integrando as idéias aos ideais.

Renato Ticoulat Filho

A história da Sociedade Rural Brasileira se confunde com a própria história da agricultura brasileira. Ela antecipou temas, quando nenhum outro órgão falava do assunto seja na preservação dos recursos naturais como nas novas tecnologias. Além disto, possui uma capacidade de interagir e unir entidades representativas do agronegócio e de outros setores econômicos em torno de uma discussão ou proposta, o seu quadro de sócios abriga os mais diferentes setores, com o objetivo de pensar a agropecuária brasileira. Quero dizer que foi uma honra ter sido presidente da Rural.

João Sampaio

Rural, Casa da Agenda do Amanhã[1]

Enquanto a maioria é especialista em prognosticar o passado, errando até nisso quando interpreta mal a história, a Sociedade Rural Brasileira que conheci – ou mais simpaticamente, apenas a nossa "Rural" – soube ser, nos anos em que a acompanhei de perto, uma espécie de "casa do futuro", tamanha a importância e grau de precisão das assertivas e prognósticos políticos e econômicos por ela emitidos. Mas não só. A Rural foi uma casa-da-guarda do ideal por um Brasil como o queremos.

Ninguém, obviamente, acerta só porque quer ou julga saber. A experiência no julgamento dos fatos políticos e econômicos advém de uma delicada conjugação de um saber coletivo e compartilhado, com um querer acertar em nome ou por causa de uma motivação suficiente, seja ela de poder ou de algo maior.

Lá por volta de 1977, em torno de Renato Ticoulat Filho, um lider corajoso e bravio, Flavio Teles de Menezes, um matemático das relações humanas, Ney Bittencourt Araujo, um descontente da mediocridade alheia, e Pedro Brito, um angustiado sonhador do Brasil realmente de todos, juntaram-se outros tantos brasileiros de primeira grandeza dispostos a pensar a dificil transição por que haveria de passar o Brasil, recém egresso de uma década de progresso econômico gigantesco, mas alcançado ao preço da submissão de todas as vozes dissidentes do regime político vigente. O que pouca gente sabe até hoje, e que a esquerda negará até o fim, pois se trata do perigo da perda de um monopólio (de que goza exclusiva) – a de haver sido a única voz dos descontentes – é a verdade de uma outra voz, que se levantou quase tão cedo quanto aquela, mas de outro modo e com outro jeito, para mostrar o descaminho autoritário do Brasil tanto na economia quanto na política. Essa outra voz éramos nós, na e através da Rural.

Por isso, digo e afirmo com tranquilidade que a Rural fez a crítica antecedente, correta e factualmente impecável dos caminhos e descaminhos do País naqueles difíceis anos pós-Medici, que coincidiriam com o pós-Vietnam e o pós-Nixon (também o pós-De Gaulle e pós- Krutschev e, porque não lembrar, o pós-Gangue dos Quatro e da falida Revolução Cultural na então distante China). O Brasil do milagre militarizado passara a ser acossado por dentro e por fora. Por dentro, pelas falhas conceituais do modelo de crescimento escolhido pelos governos militares, muito introvertido e estatalmente orientado, esbulhador crônico dos ganhos cambiais ocasionais da agricultura "de exportação" (ridícula e dissonante expressão, então muito em voga pelos denunciadores da "agricultura de negócios", outra revolucionária nano-conceituação da moda, bastante repetida em documentos episcopais como a Pastoral da Terra).[2]

Por fora, o "milagre brasileiro" era denunciado pela emergência de uma crise muito maior, a do petróleo em alta, mas sem o benefício - que agora se vê nos dias correntes -, de as commodities agrícolas (que nem assim se chamavam) acompanharem em alta de preço a baita especulação que então se fazia em torno da rarefeita oferta de petróleo. O Brasil, forte importador do óleo, viu a crise de balanço de pagamentos bater à sua porta. Mas a revolução tinha que manter o discurso do "vamos em frente pois conosco é diferente". E assim fez-se, na virada dos anos oitenta, com as devidas diferenças, o mesmo discurso ufanista da manutenção de poder que hoje em dia se repete, à custa da lógica gelada dos fatos.

Pois a Rural desses bravos brasileiros que conheci, e com quem compartilhei angústias mal curadas em dezenas de horas telefônicas entre a FGV no Rio e a Rua Formosa 367, em São Paulo, foi concebendo e urdindo uma poderosa malha de argumentos, de fundamentação incontestável, enfim uma crítica de proporções estruturais, ao modelo econômico e, pour cause político, então vigente. Participei passo a passo da arquitetura dessa formidável contestação. Só que não a homens, os do poder da hora, muito menos a suas por certo honrosas e até valorosas intenções, mas sim, à utilidade dos macroconceitos que presidiam a suas ações.

Exemplo: a resistência à flexibilização cambial do País, pois então se pensava o câmbio livre ou flexível como essencialmente inflacionário e eventualmente demolidor da extensão de prazo, então subentendida pelo modelo político de exceção (e admita-se, talvez fosse mesmo ruinoso à prorrogação do autoritarismo, pois nenhuma liberdade, como a cambial especialmente, se mantém sem contaminar favoravelmente a emergência de outras liberdades, haja vista o arraigado controle cambial na China de hoje).

Quem se disporia a fazer a crítica aberta ao modelo equivocado do câmbio fixo e de todos os sucedâneos com que se encantava o pensamento controlista de esquerda? Ao câmbio duplo ou administrado? Aos controles de preços, que nos levariam afinal, em meados dos anos 80, ao controlismo descontrolado e histérico dos sucessivos planos de congelamento integral de preços, salários e...câmbio?? E quem pagaria a conta fiscal e distributiva de renda ao contrário, senão a agricultura e seus agricultores, além dos próprios trabalhadores, então liderados, de modo rústico e ponteagudo, por um certo lider chamado Luiz Inácio? Os denunciadores, pelo lado da Rural, também falavam uma linguagem de futuro e reconstrução, vindo do outro lado da cidade e do outro extremo da escada social de então. Mas, nem por isso, eram menos corajosos. Apenas, diria, mais sensatos e menos politiqueiros (com certeza, um defeito crônico e grave do grupo da Rua Formosa).

Renato Ticoulat veio me procurar ao final de 1977 no Rio de Janeiro, onde me recolhia numa repartição da FGV chamada Grupo de Informação Agrícola, mais escondida ainda na Rua Gomes Freire, conhecido trottoir do velho centro do Rio. Para um quatrocentão paulista, isso era muita audácia. Dai foi um passo para uma imensa sintonia intelectual e moral, que veio a dar nessa tarefa coletiva de a Rural vir a "pensar a reconstrução do Brasil a partir da liberdade", único valor plausível para uma agricultura que se queira pujante e num país de fato próspero para todos e não para uma escassa minoria de mandões e seu séquito de aproveitadores e sanguessugas. A tarefa então iniciada pelo grupo da Rural encontra-se ainda hoje largamente incompleta, apesar dos passos que o País acabou dando – mas só após tentar ir sempre na direção contrária e negativa. Haja vista a liberdade cambial, finalmente conhecida após a crise do Real em 1999, exatos vinte anos após o trabalho iniciado pela Câmara de Estudos e Pesquisas Econômicas e Sociais – a CEDES – que fundamos no endereço da Rural,[3] e que seria o embrião desse pensamento de denúncia reconstrutiva e propositiva, que pedia o câmbio livre, a moeda estável e confiável (alguém ouviu quem falou nisso primeiro?) com um BC autônomo, mediante uma prévia estabilização fiscal, para tanto se prescrevendo o alinhamento de preços estatais e a privatização nos moldes de uma revolução popular, com o povo podendo acessar os leilões de venda de ações, dai formando seu pecúlio previdenciário com capital tangível, um INPS (da época) reformulado e capitalizado e um FGTS de livre aplicação pelo trabalhador.[4]

Na época, e com as restrições do momento, talvez tenha nos faltado sensibilidade para chamar aquele lider que então se ensaiava em São Bernardo para conversar sobre o tal novo modelo por nós proposto. Ele – Lula - por sua vez, pouco houvesse entendido o que propunhamos, ou talvez, entendesse bem que ninguém, além dele, haveria de compreender e aceitar uma proposta genuinamente liberal e democrática. De fato, o Brasil de então estava mais para bater lata e "meter bronca nos homens" até que a purgação niilista e desconstrutiva fosse acabar desembocando no mesmo modelo brasileirísssimo de acomodação geral das forças conservadoras e pseudo-mudancistas, num só mingau constitucional chamado Carta de 88. Carta essa, por cuja melhoria de texto se bateu, à época, ninguém menos que a mesma Rural, que capitaneou o Centrão parlamentar, nascido e bolado no encontro empresarial do Guarujá (certamente alguém mais contará essa parte com mais detalhes) onde coordenei o debate econômico em que, por primeira vez, se fez de público e com todos os efes e erres, a denúncia completa da falência do Plano Cruzado, a mensuração de suas trágicas consequências nos anos por vir, e a enunciação do modelo de "Constituinte Econômica", como apelidei o conjunto de tarefas de reconstrução do espaço para crescer do País.[5]

Ao fim daquele ano significativo de 1986, São Paulo elegeu dois nomes em destaque para representá-los na Câmara Federal, e ambos viriam a ser indicados, em 1989, como candidatos à presidência da República: Lula, o primeiro deputado mais votado por São Paulo, e Afif Domingos, o segundo da lista da preferência popular, nome nascido do trabalho da Rural, da CEDES, da Associação Comercial de São Paulo e adjacências políticas variadas. Antes disso, antes de todos, a CEDES já havia chamado Tancredo Neves para ouvir o plano econômico pensado dentro da Rural, sob nossa coordenação, para o Brasil da retomada do crescimento sem inflação, no precoce ano de 1983.[6]

Mas Tancredo se fora em 1985, e com ele levara parte da antiga lógica dos aristocratas do poder. Ficáramos órfãos de lógica e de imaginação políticas, presos apenas ao intermitente rosnar das massas subjugadas e manipuladas pelo discurso populista de ocasião. Aos poucos, no entanto, o Brasil foi emergindo de suas próprias negações e contradições, e pasmem, até os negativistas estão aprendendo, com o tempo, sobre a necessidade de se submeterem à lógica da boa economia e à preeminência da Lei e da alternância de Poder, como alternativas únicas e finais à ditadura da estupidez e da obscuridade.[7]

A Rural lutou silenciosamente cada uma dessas lutas. Sobre suas cicatrizes simbólicas, nem uma só linha, que fosse de réquiem, foi escrita até hoje. Pelas razões patrióticas e pela desambição pessoal dos seus líderes, nenhum crédito jornalístico terá recebido, nem foi jogado ainda sequer um fecho de luz à participação decisiva desta casa de brasileiros nas páginas das conturbadas e cinzentas passagens de nossa história recente. Portanto, a contragosto pessoal, faço tal registro agora, embora pensando que alguém outro, do ramo dos contadores de histórias, devesse tê-lo feito antes. Não é, como vimos, propriamente, uma história de agricultura nem de agricultores. Aliás, para representar o agro, hoje chamado de agronegócio, várias competentes associações e federações já existiam desde então, tal qual no presente. A falta que se sentia naqueles idos de 70 e de 80, como se sente, e forte, nos dias de hoje, em pleno novo século de mesmice e de baixo crescimento do Brasil (sob os mesmos e equivocados argumentos...) é pelo retorno de um grupo de brasileiros e brasileiras, tal como os valorosos guerreiros da távola da Rural, que pudessem pensar e lutar por idéias-força, desde então desperdiçadas, em cujo tempo uma batalha final pudesse ser travada contra o sono quase imbatível dos lerdos da pátria amada, e contra, afinal, a rapinice dos sempre enganchados no poder.

Paulo Rabello de Castro

Notas

1. Este título é uma referência ao seminário "AGRICULTURA BRASILEIRA: AGENDA PARA O AMANHÃ", realizado em Brasília, em janeiro de 1979, pelo jornal Gazeta Mercantil, que contou com a coordenação técnica do depoente, e a participacão dos quatro líderes citados neste texto de depoimento. A RURAL, com este depoente, concebeu o evento e o propôs ao jornal. Naquele momento, o Brasil dava uma virada no sentido da distensão política. Dava também espaço para a discussão de uma nova visão da política agrícola no Brasil, cujas bases de modernização foram lançadas e debatidas no evento, presidido pelo então apontado Ministro da Fazenda, Karlos Rischbieter, do novo governo do Gal. João Figueiredo.

2. O conceito de "terra de negócio" vs "terra de trabalho", com o qual a Pastoral da Terra, da Igreja Católica, construíra sua crítica ao sistema capitalista de propriedade e de uso dos recursos na agricultura, foi objeto de uma análise completa no livro do depoente, BARÕES E BOIAS FRIAS: REPENSANDO A AGRICULTURA NO BRASIL, APEC Editora, 1981, em que se mostrou a implausibilidade daquela estrutura conceitual e a inaplicabilidade de suas propostas.

3. A CEDES foi fundada em meados de 1979, como entidade apartidária, pelo grupo de pensamento formado em torno da Rural, que contava com a presença e participação de empresários de alto padrão intelectual também de fora do meio agropecuário, como Roberto K. Bornhausen, Antonio Erminio de Moraes, Mario Amato, Luiz Eulálio de Bueno Vidigal, Luiz Antonio Andrade Vieira, Jorge Gerdau Johannpeter, Fernando Vergueiro, apenas para citar alguns, entre os que fundaram ou se juntaram à CEDES. Do lado acadêmico, coordenado pelo depoente, se juntaram economistas do lado liberal verdadeiro, como Celso Luiz Martone, Claudio R. Contador, Helson Braga, Carlos von Doellinger, Carlos Longo, Roberto Macedo, Marcel Solimeo, além de importantes especialistas em áreas conexas como Ivan Wedekin, Francisco Barreto de Oliveira ("Chico Previdência"), Walder de Goes e Amaury de Souza .

4. A proposta articulada de liberalização da economia brasileira, então completamente travada, endividada e altamente inflacionária, foi apresentada num documento intitulado "A Tríplice Renegociação da Dívida Brasileira" (inédito, agosto de 1982) em que o corpo acadêmico da CEDES propunha ações articuladas para superar o constrangimento da dívida externa, mas abordando de modo original no Brasil, também as interfaces com as dívidas interna e social. Este último conceito de dívida social mal existia.

5. O encontro empresarial do Guarujá talvez tenha sido o momento de maior significação política da década de 80. Reuniu por dois dias no Hotel Casa Grande, na praia de Guarujá, centenas dentre os mais expressivos brasileiros e brasileiras do mundo empresarial. Dali sairam as bases do trabalho empresarial junto ao Congresso Constituinte, coordenado pelo jurista Gastão Toledo. O movimento, entre os parlamentares alinhados com as idéias do campo liberal, ficou conhecido como Centrão. O discurso do jantar do evento coube a Marco Maciel.

6. Tancredo Neves compareceu à sede da Rural, numa manhã de 1983 para ouvir a análise econômica e política que então fazíamos. Anotou tudo e continuou interagindo com o grupo da Rural. Outro interlocutor frequente da época era o vice presidente Aureliano Chaves, várias vezes tendo comparecido à Rural.

7. A partir dos anos 90, a CEDES deixa de ter participação ativa nas discussões nacionais mais amplas e, em seguida, deixa de existir. Entretanto, a semente do trabalho intelectual e propositivo da Rural, lançada com fertilidade através da CEDES, ganha outras manifestações através do INSTITUTO ATLÂNTICO – IA -, fundado em 1992 por alguns dos mesmos empresários citados no texto, com o mesmo objetivo da CEDES. O IA tentou influir na frustrada revisão constitucional de 1993. Também se avançou através da ACADEMIA INTERNACIONAL DE DIREITO E ECONOMIA – AIDE – esta fundada em 1987, pelo notável jurista Ives Gandra da Silva Martins, e da qual fomos presidente em 1994-96. A AIDE lançou as bases conceituais do Plano Real, numa reunião memorável, em meados de 1993, em que o então presidente Itamar Franco convocou todo o seu gabinete de ministros para ouvir a exposição dos acadêmicos, apresentada pelo depoente em nome dos demais. E o Instituto Atlântico, através do livro BRASIL: ESTE PAÍS TEM JEITO?, de 1993, editora Rio Fundo, lançou os fundamentos do plano de estabilização com crescimento, PEC, que teria servido de inspiração a alguns dos conceituadores do plano Real.

S·R·B
AGER VIA PACIS

Inovar

Mais que inovar, a Sociedade Rural Brasileira quer antecipar o futuro da agricultura com discussões, opiniões, projetos e ações. Os 90 anos assim foram construídos, sempre de olho no futuro.

Inovar

Inovar

Quais são os caminhos da inovação para a agropecuária brasileira e para o desenvolvimento econômico e social do Brasil? A Sociedade Rural Brasileira terá que continuar antecipando o futuro e antevendo as matérias de discussão e interesse de todo o setor produtivo e INOVAR.

Café: a Rural fundamentou todas as normas da cafeicultura atual

Os 90 anos da Sociedade Rural Brasileira evidenciam que o Brasil é capaz de mostrar ao mundo a rota do desenvolvimento socioeconômico, por meio da agricultura.

Nas palavras do presidente da Rural, Cesário Ramalho da Silva, o futuro está em pensar na grandiosidade da nossa produção com as responsabilidades compatíveis ao seu tamanho. "A inserção da nossa agricultura no mundo passa por pensá-la de forma competente e a SRB deve prosseguir como entidade pensante desta agricultura", afirma.

Esta grandiosidade precede temas de responsabilidade, aqui divididos pela capacidade de oferecer oportunidades de inovação dentro da produção agropecuária e de toda a cadeia produtiva do agronegócio, são eles:

- SUSTENTABILIDADE
- PESQUISA E TECNOLOGIA
- RENDA
- COMUNICAÇÃO/IMAGEM

Sustentabilidade

Esta é a palavra do nosso século. Preocupação desde as primeiras edições da Revista da Sociedade Rural Brasileira, quando tratava das queimadas, da utilização correta dos recursos hídricos, da boa correção do solo e uso racional da adubação química e dos defensivos. Agora o tema ganhou corpo. "O papel da Rural é muito importante na análise deste novo momento da produção agropecuária. A nossa proximidade e apoio à revolução verde, iniciada com Norman Borlaug, propiciou o ganho de escala e ocupação de novas áreas agricultáveis. Agora, vivemos uma transição, onde precisamos conjugar produção com equilíbrio".

O desenvolvimento sustentável deve ser amparado pelo tripé da sustentabilidade ambiental, econômica e social. Iniciemos por aquela parte do tripé que está no topo das preocupações da sociedade e do produtor – a ambiental.

Dentro dela, concentram-se os temas mais espinhosos das discussões atuais e futuras: como produzir ou explorar qualquer atividade econômica sem interferir no meio ambiente? Impossível. Mitigar esta interferência e os seus riscos faz parte das tentativas e oportunidades que a classe produtiva deve desenvolver e que a Sociedade Rural Brasileira deve pensar.

Em particular, temos a Revisão do Código Florestal brasileiro, datado de 1965, e que deve passar por uma adaptação para que o produtor fique adequado às leis e tenha o alicerce jurídico necessário para continuar a produzir. O fato é que se a legislação ambiental fosse aplicada à risca, 68% do território nacional estaria bloqueado, restando para todos os usos, sejam eles, urbanos, industriais, agrícolas, transportes, apenas 32% do país, dados revelados em recente estudo da Embrapa.

A centralização das decisões da política ambiental tem provocado uma situação estressante e num país de dimensões colossais e de realidades diversas de produção e produtividade, sem contar a condições edafolimáticas diversas de norte a sul e a predominância de vários biomas, esta situação de incerteza é ampliada. Ninguém pode ser contra a política de preservar o meio ambiente, mas não com políticas centralizadas.

Para Cesário Ramalho, "a legislação ambiental brasileira tem que ser modificada para efetivamente cumprir seu papel de conservação, sem barrar a produção e o desenvolvimento do País". Para isto, sejamos simples e competentes e nos concentremos em quatro pontos:

1. Desmatamento zero no Bioma Amazônico

2. Permissão de continuidade da produção consolidada em Áreas de Proteção Permanente (APPs) como várzeas, encostas e topos de morros, utilizando técnicas conservacionistas

3. Permissão da recomposição ou servidão florestal, desde que em um mesmo bioma ou pagamento em dinheiro do passivo ambiental, caso não seja possível a compensação da reserva legal na bacia hidrográfica e/ou no mesmo Estado. O pagamento poderia ser realizado, conforme projeto técnico, considerando a necessidade de recuperação da mesma área do estado de origem

4. Prazos adequados para a defesa e governança adequada da aplicação de multas, assim como inclusão de serviços ambientais (bônus) aqueles produtores que preservem ou recuperem, conforme previsto na legislação então vigente

Este é o pensamento micro de ação. Agora precisamos considerar as oportunidades macro que surgem a partir da discussão de sustentabilidade ambiental, econômica e social. "O poder de inovação se concentra exatamente em não pensar de forma localizada ou partidária ou classista ou ainda dentro da obviedade. É preciso ousar, assim como o fez no passado", afirma.

Dentro desta linha, temos dois pontos principais:

• Políticas de pagamentos por serviços ambientais
• Mercado de crédito de carbono

Somente no Brasil, ainda não são discutidas fórmulas de pagamento ou ressarcimento pela proteção ambiental feita por qualquer produtor agrícola. Em outros países, as práticas de remuneração são das mais comuns. Aqui, ainda a prática é baseada numa teoria punitiva, cuja legislação prevê a fiscalização e a multa, mas nunca o que pode ser feito para amenizar a situação conflitiva em que é inserido o agricultor quando do ato de produzir.

O mais razoável seria mesmo a criação de um fundo indenizatório composto exatamente pelos recursos provenientes da fiscalização e punição daqueles que não cumprem as leis em transferência e remuneração daqueles que a cumprem e mais que contribuem com a preservação. Em muitos países, isto já é feito com retorno para ambos os lados – garante renda ao produtor e preserva ou recupera o meio ambiente.

No caso do mercado crédito de carbono, as oportunidades para o Brasil são inúmeras, uma vez que a formação da nossa matriz energética é das maiores do mundo com recursos de fontes renováveis. A política de desenvolvimento do combustível renovável, surgida nos anos 70 e que alcança este grau de avanço agora é uma das muitas oportunidades para o agronegócio brasileiro.

Ainda sem contar o mercado de florestas plantadas com exploração econômica, o qual o Brasil, a cada ano, desponta como uma das potências mundiais. A substituição de créditos com países desenvolvidos é um mercado ainda incipiente a ser explorado.

"A missão da SRB e das outras entidades é transformar as ameaças e os obstáculos em oportunidades", afirma Cesário Ramalho. Por isto, pensar e refletir sobre o momento atual é objetivo da Rural hoje e amanhã.

Outro ponto das discussões atuais e futuras e que tem conexão direta com os temas anteriores é o tema das

mudanças climáticas.

A elevação da temperatura mundial e seus efeitos são inegáveis, sendo evidenciadas pelas inúmeras catástrofes climáticas que registramos nas últimas décadas. Também há provas de que a produção agrícola migra, tem uma geografia dinâmica, mas daí a afirmar que ela está condenada em algumas regiões do mundo é ir além do que pode ser apurado atualmente e desconsiderar alguns fatores que regem os movimentos produtivos.

Alarmismos sim, catastrofismos não. Temos que discutir o problema e por isto o setor produtivo já realiza inúmeros encontros e fóruns para tais reflexões. A Convenção das Nações Unidas para Mudanças Climáticas exige a participação e a conscientização de todos e a Sociedade Rural Brasileira está e estará sempre presentes nestes painéis.

No caso do Brasil, há que se observar que três fatores concorreram e concorrem para alterações na geografia da produção agrícola: primeiro é econômico, segundo inovação e o terceiro mudança climática e pragas. As grandes migrações da agricultura brasileira se deram por causa da disponibilidade de novas áreas de exploração combinada a vocação econômica regional, empreendedorismo do produtor rural e a indução governamental com crédito e garantias. Os exemplos vão desde a ocupação do norte do Paraná à conquista do Cerrado, até as mais recentes ocupações do oeste baiano, sul do Maranhão e Piauí e do agreste nordestino.

Com esta contextualização, com este olhar otimista é que a Sociedade Rural Brasileira ratifica a necessidade do setor produtivo de pensar as mudanças climáticas como um desafio para a ciência e para o homem.

Alguns setores da pesquisa solicitam a criação do Fundo Nacional de Mudanças Climáticas. Também defendemos que seja livre dos ideologismos que tem contaminado algumas discussões ambientais e rotulando o setor produtivo como culpado. O desafio de produzir alimentos com sustentabilidade, encarando os obstáculos climáticos, é um desafio de toda a sociedade.

Pesquisa e Tecnologia

Com a recente crise econômica mundial, os cortes parecem inevitáveis e abrangem as mais diversas áreas dentro de uma empresa ou de governos. Pesquisa e tecnologia não podem ser alvos deste corte. É na crise que a inovação se faz mais necessária.

É histórico e notório que o impulso econômico e a inovação resultados da pesquisa agropecuária possibilitaram o plantio da soja e milho nos estados do Mato Grosso e Goiás, assim como a intensificação da produção pecuária paulista, fruto de melhoramento genético e aprimoramento no manejo. Também permitiu o desenvolvimento da fruticultura no sertão ou dos seringais no Estado de São Paulo. Tudo é conseqüência da capacidade de inovação tecnológica do campo.

A Sociedade Rural Brasileira discutia a inovação e apoiava tais investimentos e iniciativas desde a sua criação. Aliás, a ousadia de juntar dentro de uma Sociedade de adesão voluntária, produtores, indústrias e profissionais liberais está no alicerce que suporta os princípios da SRB.

Quando se trata de pesquisa e tecnologia para o campo, a Rural persiste na urgência da inovação. Em suas primeiras publicações foi a primeira entidade a falar de adubação química, de milho híbrido, em confinamento de gado, a fazer registro genealógico de raças bovinas.

Atualmente, a entidade já é posicionada quanto ao uso da biotecnologia, plantio racional e adequado de transgênicos, a nanotecnologia, todos são temas que discutimos para o futuro.

Sem nenhum medo de inovar, como foi a primeira a falar de adubação química, também é a primeira a contestar a dependência química da agricultura brasileira e a pensar nas formas de melhorar o fornecimento interno com o desenvolvimento da indústria de adubos, assim como da procura de alternativas a este modelo.

Inovar também é a busca por custos mais baixos e tecnologia mais barata e acessível para a produção agrícola.

Renda

Propositadamente, o último tema sempre foi o primeiro a ser considerado nestes 90 anos de atuação da Sociedade Rural Brasileira. A renda é o que move o trabalho da Rural na defesa da agropecuária nacional. "A garantia de renda este à frente de todos os outros temas da Rural", afirma Cesário Ramalho.

A agricultura é movimento econômico e como tal, necessita de segurança para o seu desenvolvimento. Esta segurança vai desde a base jurídica necessária para o ato de produzir na sua terra, assim como o seguro para enfrentar as intempéries climáticas. Talvez seja a única atividade econômica que esteja a mercê de fatores externos a capacidade de gerenciamento do próprio negócio.

Isto nos leva a outros dois temas que sempre absorveram dedicação e reflexão pela Sociedade Rural Brasileira nestes seus 90 anos: questão agrária e o seguro rural.

O produtor rural é o responsável por abastecer, com alimento barato a mesa dos cidadãos brasileiros e levar nossos produtos (alimentos, fibras, energia) a mais de 150 países. Esta capacidade já rendeu quase US$ 270 bilhões em reservas cambiais para o país e fez da agricultura o principal responsável por sustentar políticas de estabilidade e controle de inflação. A transferência de renda sistemática do campo para a cidade tem sido uma constante na história econômica do país.

Para cumprir esta missão, o produtor brasileiro conta com sua enorme capacidade de empreendedorismo, recursos naturais os quais lhe foi dado pela natureza, seus investimentos em tecnologia, gestão, com o propósito de atender às exigências dos mercados doméstico e internacional.

Fazer tudo isto sem segurança jurídica para a posse da terra, torna o processo ainda mais complicado. A revisão dos índices de produtividade que se pretende o atual governo é um retrocesso baseado num modelo de reforma agrário ultrapassado. A SRB tem se posicionado contra não somente a revisão, mas a este modelo de mensurar produtividade. Está na hora de inovarmos na maneira de oferecer formas de acesso à terra. "Ninguém discute o direito de acesso à terra, à tecnologia e ao crédito, mas sim às formas de fazê-lo ao produtor rural".

Por que não desenvolver políticas de financiamento à terra como se faz nas políticas habitacionais? Por que não financiar pacotes tecnológicos para aqueles que querem produzir? Estas são propostas que fazem parte da Rural do futuro, repensar a produção e também o acesso à produção faz parte das nossas missões.

A agricultura já carece de um maciço seguro rural e não pode enfrentar mais esta insegurança. O Brasil é o único país do mundo, competitivo internacionalmente no setor, sem produção segurada. Nem mesmo dispositivos de seguro de renda na hora da comercialização são populares ou comuns para a grande maioria dos agricultores.

Além disto, estas discussões sobre o seguro da propriedade e da renda do produtor soam antigas perto dos desafios futuros que a Rural já antecipa. O tempo da agricultura baseada tão somente na capacidade produtiva da terra finda-se com as novas tecnologias, com as ferramentas de gestão e com o acesso democrático à informação, também proporcionado pelas tecnologias.

No futuro, agricultura de precisão e o poder do conhecimento serão determinantes para o desempenho no campo. Por isto a riqueza estará na possibilidade de utilizar conhecimento inovador e exclusivo para a sua produção e para a agregação de valor dos seus produtos.

Comunicação/Imagem

Apesar dos sucessivos recordes de exportação e garantia de superávits para a balança comercial brasileira, de 37% dos empregos do país pertencerem ao quadro do agronegócio e da internacionalização e competitividade das empresas do setor, a maioria dos brasileiros que vive nas cidades, ainda não entendeu o que acontece lá no campo.

A revolução verde se consolidou, os índices de produtividade duplicaram e a imagem do campo parece um borrão aos olhos da sociedade. A importância do produtor para o desenvolvimento socioeconômico do Brasil não é reconhecida. Entramos na casa de todos, diariamente, e permanecemos desconhecidos.

Todavia, este reconhecimento só virá se as entidades, que representam os produtores forem conhecidas e respeitadas, além das fronteiras do segmento. Por isto, contar a história da Sociedade Rural Brasileira, uma entidade de 90 anos, é tão importante. O produtor tem que reconhecer na sua entidade, na sua cooperativa, no seu sindicato, o porta-voz da sua ação. E os ecos precisam ir além do confinamento que o próprio setor se impõe.

Investir na imagem e na formação da opinião pública, este é um passo imprescindível para o setor na construção do diálogo com a sociedade como um todo. Só o aprendizado trará o respeito e a compreensão.

Desde 1920, a Rural defendia a industrialização da laranja brasileira

Galeria

S·R·B

AGER VIA PACIS

Eduardo da Fonseca Cotching
Fundador e Idealizador da Sociedade Rural Brasileira (1919)

Galeria

A Sociedade Rural Brasileira não é uma associação de agricultores e pecuaristas, é uma associação de protagonistas da produção. Entre seus sócios, registram-se cafeicultores, pecuaristas, canavicultores, citricultores, empresas do agronegócio, profissionais liberais, agentes do setor financeiro e indústrias.

Os seus 90 anos comprovam que a história é construída de homens e idéias. A fidelidade ao ideário da produção tem sido a base do pensamento da Rural, próprio dos princípios dos homens que a constituem.

Conde de Prates
1919 - 1920

Dr. Paulo de Moraes Barros
1921 - 1922

Dr. Gabriel Ribeiro dos Santos
1923 - 1924

Dr. Henrique de Souza Queiroz
1925 - 1926
1931 - 1932

L. V. Figueira de Mello
1927 - 1928
1941 - 1942

Bento A. Sampaio Vidal
1929 - 1930
1933 - 1938

Alberto Whately
1939 - 1940

Dr. Joaquim A. Sampaio Vidal
1943 - 1944

Dr. Antônio de Queirós Telles
1945- 1946

Dr. Raul da Rocha Medeiros
1947 - 1948

Dr. Francisco Malta Cardozo
1949 - 1950

Dr. Mário Rolim Telles
1951- 1952

Dr. Luís T. Piza Sobrinho
1953 - 1956

Renato da Costa Lima
1957 - 1963

Sálvio de Almeida Prado
1963 - 1969
1972 - 1978

Roberto Rezende Junqueira
1969 - 1972

Renato Ticoulat Filho
1978 - 1984

Flavio P. Teles de Menezes
1984- 1990

Pedro de Camargo Neto
1990 - 1994

Roberto Rodrigues
1994 - 1996

Luiz M. Suplicy Hafers
1996 - 2002

João de Almeida Sampaio Filho
2002 - 2008

Atual Diretoria da Sociedade Rural Brasileira

Presidente

CESÁRIO RAMALHO DA SILVA

Vice-presidentes

GUSTAVO DINIZ JUNQUEIRA
JOAQUIM ÁLVARO PEREIRA LEITE
ROBERTO PENTADO DE CAMARGO TICOULAT

Diretoria Executiva

ALEXANDRE DOMINGUEZ BELLIZIA
CLÓVIS FERREIRA DE MORAIS JR.
GINO DE BIASI NETO
MÔNIKA BERGAMASCHI
RUBENS DE VILHENA RESSTEL

Conselheiros

Mandato até 2011

JOÃO DE ALMEIDA SAMPAIO FILHO
ANTÔNIO JÚLIO JUNQUEIRA DE QUEIROZ
ROBERTO RODRIGUES
LINNEU CARLOS DA COSTA LIMA
RUBENS DE VILHENA RESSTEL
LUIS MENDES PRATES
RENATO TICOULAT FILHO

Mandato até 2014

FLÁVIO PÁSCOA TELES DE MENEZES
JOVELINO CARVALHO MINEIRO FILHO
CESÁRIO RAMALHO DA SILVA
HENRIQUE DE SOUZA DIAS
LUIZ MARCOS SUPLICY HAFERS
ALFREDO SANTOS JÚNIOR
ROBERTO DINIZ JUNQUEIRA FILHO

Mandato até 2017

OVÍDIO CARLOS DE BRITO
FÁBIO DE SALLES MEIRELLES
ANTÔNIO DE PAIVA NETO
PEDRO DE CAMARGO NETO
JOSÉ DE SAMPAIO GÓES
MARIA ISALTINA DE ALMEIDA PRADO
GINO DE BIASI NETO

Suplentes até 2011

MARCELO WEYLAND BARBOSA VIEIRA
JOAQUIM ÁLVARO PEREIRA LEITE
CLÓVIS FERREIRA DE MORAIS JR.
GUSTAVO DINIZ JUNQUEIRA
PAULO DA ROCHA CAMARGO
GIANNANDREA MATARAZZO
CLÁUDIO BRAGA RIBEIRO FERREIRA

Diretores de Departamentos

Departamento de Café
LUIZ MARCOS SUPLICY HAFERS
MARCELO WEYLAND BARBOSA VIEIRA
HENRIQUE DE SOUZA DIAS
LINNEU CARLOS DA COSTA LIMA

Departamento de Pecuária de Corte
JOSÉ PÁSCOA TELES DE MENEZES
JOSÉ OTÁVIO JUNQUEIRA FRANCO

Departamento de Pecuária de Leite
JORGE RUBEZ

Departamento de Cotonicultura
CARLOS ALBERTO MENEGATI

Departamento de Avicultura
ERICO ANTÔNIO POZZER

Departamento de Caprinovinocultura
CAIO GRACO BIANCHI

Departamento de Pecuária das Raças Zebuinas
CARLOS VIACAVA
JOSÉ AMAURI DIMARZIO

Departamento de Fruticultura
MARCOS SCHRANK ARAÚJO

Departamento de Silvicultura
SILVIO ANDRADE COUTINHO
RUBENS GARLIPP
GUILHERME ARCHER CASTILHO

Departamento de Relações Corporativas
ANTÔNIO DE PAIVA NETO

Departamento de Cana-de-Açúcar e Álcool
MAURILIO BIAGGI FILHO
JOSÉ DE SAMPAIO GÓES
MANOEL CARLOS AZEVEDO ORTOLAN
MARCELO WEYLAND BARBOSA VIEIRA
EDUARDO PEREIRA DE CARVALHO

Departamento de Citricultura
JOSÉ OLÍMPIO MALTA
ROBERTO CANO DE ARRUDA
JOAQUIM ÁLVARO PEREIRA LEITE
FLÁVIO DE CARVALHO PINTO VIEGAS

Departamento de Eqüinocultura
FLAVIO FIORAVANTI JUNIOR
LUIZ MARCOS SUPLICY HAFERS
FLAVIO DINIZ JUNQUEIRA

Departamento de Economia Rural e Relações Internacionais
PEDRO DE CAMARGO NETO

Departamento de Crédito Rural
RENATO DINIZ JUNQUEIRA
OSWALDO TONANI DE CARVALHO

Departamento de Insumos Agrícolas
EDUARDO DAHER
CRISTIANO WALTER SIMON

Departamento de Mecanização Rural
FRANCISO MATTURRO
DANIEL DE SOUZA DIAS

Departamento de Suinocultura
ROBERTO CANO DE ARRUDA

Departamento de Cooperativismo
EVARISTO CÂMARA MACHADO NETO
AMÉRICO UTUMI

Departamento de Heveicultura
CLÓVIS FERREIRA DE MORAIS JR.
CARLOS ALBERTO BRITO SOARES

Departamento de Meio Ambiente e Conservação do Solo
JOSÉ DE SAMPAIO GÓES
RUBENS GARLIPP
JOSÉ ÁLVARO PEREIRA LEITE
MARCELO WEYLAND BARBOSA VIEIRA

Departamento de Serviço Social Rural e Feminino
MARIA ISALTINA DE ALMEIDA PRADO

90 Anos

Dados Internacionais de Catalogação na Publicação
(CIP) (Câmara Brasileira do Livro, SP, Brasil

Sociedade Rural Brasileira, 90 anos /
[coordenação editorial Guilherme Wendel de Magalhães ; texto e pesquisa Euzi Dognani, Arnaldo Francisco de Sousa ; fotos Flávio Lico].
-- São Paulo : Imprensa Oficial do Estado Sociedade Rural Brasileira, 2009.

ISBN 978-85-7060-814-7

1. Associações agrícolas - Brasil - História 2. Sociedade Rural Brasileira - História I. Magalhães, Guilherme Wendel de. II. Dognani, Euzi. III. Sousa, Arnaldo Francisco de. IV. Lico, Flávio.

09-12359 CDD-334.6830981

Índice para catálogo sistemático:

1. Sociedade Rural Brasileira : História
334.6830981

Foi feito o depósito legal na Biblioteca Nacional
(Lei nº 10.994, de 14/12/2004).

Impresso no Brasil 2009

Sociedade Rural Brasileira
Rua Formosa 367 19º andar Anhangabaú
01049-000 São Paulo SP Brasil
tel. (11) 3222 0666
presidencia@srb.org.br

Imprensa Oficial do Estado de São Paulo
Rua da Mooca 1.921 Mooca
03103-902 São Paulo SP Brasil
Sac 0800 01234 01
sac@imprensaoficial.com.br
livros@imprensaoficial.com.br
www.imprensaoficial.com.br

Coordenação Editorial
Guilherme Wendel de Magalhães

Texto e Pesquisa
Euzi Dognani
Arnaldo Francisco de Sousa

Fotos
Flávio Lico

Projeto Gráfico
Via Friuli Design & Comunicação

Apoio
Eduardo Ananias
Daniela Nogueira
Ronaldo Luiz Mendes Araújo

Revisão Ortográfica
TG+

Assistência à Editoração
Isabel Ferreira
Vinícius Rodrigues do Amaral

Formato
30 x 28.5 cm

Tipologia
Times
Zapfino

Papel Miolo
Couchê Fosco 150g/m2

Papel Capa
Cartão Supremo Duo Design 300g/m2

Número de Páginas
132 páginas

Tiragem
1.500 Exemplares

GOVERNO DO ESTADO DE SÃO PAULO

Governador JOSÉ SERRA